人脈レシピ

谷口智治

ACHIEVEMENT PUBLISHING

はじめに

今から40年ほど前のことです。将来の日本のために、各企業の中枢となる総務部長や経理部長に、経営や法律の勉強をしていただくことで、日本経済の発展の一助になればとセミナーを始めました。その後、社長にも勉強していただきたいと考え、全国経営者団体連合会（以下、全経連）を始めたのです。

当時のわたしには、まったくといっていいほど知り合いがいませんでした。もちろん、お金もありませんでした。しかし、「人を貯めよう」という自分の発想がありました。

そうはいっても、誰も知らないわけですから、書店に行って、いろいろ本や雑誌などを読み、どういう人がこの業界の有名な方なのか、勉強しました。

27歳のとき、最初に出会った方が会社法の権威である中央大学法学部の崎田直次先生でした。当時、中央大学の常任理事をされていて、相談しに八王子まで足を運ぶと、「若い人が起業したいと考えている、わたしが話すルールを守れたら応援してあげよう」とおっしゃってくださり、いろいろな条件を守って、そこからスタートしたのです。

それから、いろいろな方々を紹介していただき、その後、さらに紹介の輪が広がって、多くの方々と知り合うことができました。自分自身でも人の集まる場所に行き、同窓会、県人会を始め、世話役や幹事などを積極的に引き受け、それから、地元選出の政治家のパーティー、知り合いの方のパーティーに誘われたら、積極的に出かけて行って顔見知りを増やしていったのです。

パーティーでは食事はしないということが鉄則でした。わたしは名刺交換をすることが先決だと考え、自分を知っていただくために、どんどん、どんどん名刺交換をしました。

しかし、ご挨拶しただけではおぼえてもらえません。名刺をいただいたあと、なるべく手書きで、お会いした方に自分の思いを伝えていく。もし、パソコンで打った文章だとしても、一言、二言自分の思いを書いて自筆でサインして送る。このような小さなことをコツコツと積み重ねて、27歳のまったく誰も知らなかった男が、約40年間で政界、財界、スポーツ界、芸能界を始め、各界のさまざまな方々と知り合うことができました。ほんとうに多くのことを学ばせていただいています。

今では、多くの方々に「顔が広いですね、いろいろな方を知っていますね」と言っていただきます。

しかし、最初はゼロからのスタートだったのです。何がきっかけでこのように、長いお付き合いをしていただいているのか、具体的にどういうことを心がけてきたか、どのように人脈を構築したのか、前著『一流が大切にしている人づきあいの流儀』では、ハウツーを詳しくご説明しました。

本書は、全経連の会員誌「スクウェア21」に掲載していた「リーダーの極意 人脈レシピ」を基に、そこでご紹介させていただいた著名な方々と知り合ったきっかけから、お付き合いを深めていった経緯まで具体的に載せました。

経営者を始め、人脈を広げたいという方はたくさんいらっしゃると思います。この本を人脈づくりのレシピとして、実践に役立てていただければさいわいです。

人脈レシピ

目次

第2章　つながったご縁を生涯大切にする

第3章 どんなVIPも親しくなれば友人

第1章

袖すり会うた縁をも活かす

三笠宮寛仁親王殿下

宮様との出会い

三笠宮寛仁《ともひと》親王殿下は、わたしから見れば、雲の上の人です。お話はもちろん、お会いすることすら不可能だと思っていました。

ところが、殿下のチャリティ講演「我が国の福祉について」でお考えを拝聴する機会があったのです。

わたしは幼少のころ、頭にやけどを負って以来、障害を持って生きてきました。小学校入学前に手術して、6年間ガーゼをのせて登校しました。中学1年生からずっと58歳までかつらをつけていたのです。それ以来、ずっとコンプレックスに思ってきました。

殿下は健常者とハンディキャッパーについて、何がハンデで何がハンデでないのか、そこには差がない。たとえば、パラリンピックアスリートは健常者以上の能力を発揮する。それは個性ではないか、とおっしゃっていました。

また、日本では車いすの方に「押してあげましょうか」と、善意で声をかけるが、外国では階段や通り道に段差があるときは「手伝いましょうか」と手を差し伸べるものの、普段、何もないところでは「皆一緒」「ハンデじゃない」という考え方で接している。ただ「押してあげましょうか」という優しさの押し売りは見直そうということから始まり、さまざまなお話をされました。拝聴したわたしはこれまでの自分を振り返って、「気の持ち方なんだ」「自分が気にするほどに相手は気にしてないんだ」と目から鱗が落ちる思いでした。

そして、講演会のあとのパーティーでは、殿下に自分の思いをお伝えしたいと思い、カニ歩きで少しずつ近寄っていきました。お話をするチャンスは、今を逃せば二度と来ない。ただ、何百人もいる人々のなかで、殿下の周りにはＳＰや宮務官もおられます。また、どなたかとお話しをされていらっしゃいました。

お付きの方や親しい方も最初から親しいということはないのです。「柳生家の家訓」にあるように、ちょっとした縁でも活かすという努力を思い起こし、「殿下、本日のお話に大変感銘を受けました。じつは……」とお話させていただいたのです。

柳生家の家訓

「小才は縁に逢って縁に気づかず、中才は縁に逢って縁を活かさず、大才は袖触れ合う他生の縁もこれを活かす」

小才（頭をあまり使っていない人）はどんなにすばらしい縁＝チャンスに巡り合っても、それと気づかないし、中才（頭の使い方が並である人）はたとえ、そうしたチャンスに気がついたとしても、それを十分に活かすことができない。しかし大才（頭を十分に使っている人）は、どんなに小さなチャンスでも、それを見逃さず、最大限に活かしていくことができる。

このときは緊張で何を話したかまではおぼえていません。ただ、たった一言おぼえている言葉があります。

わたしが幼いころに頭にやけどを負って、かつらをかぶっていると打ち明けると、「みんなの前で、また、お風呂場でかつらを外して頭を洗えますか？」と殿下から訊かれました。わたしは心の中で「そんなことはとてもできない。恥ずかしくて隠しているのだから」とつぶやいていました。

すると続けて「ちゃんとかつらを外して洗うという、そういう気持ちがないとハンディキャッパーの気持ちはわからないし、誰も笑ったりしないから、やってみなさい」とおっしゃったのです。

この言葉がずっと心に残り、そういう心を持つと、健常者とハンディキャッパーに差がないということが理解できるのだと、あるとき清水の舞台から飛び降りるつもりで、ゴルフ場のお風呂場でかつらを取って洗ってみたのです。そうしたら、殿下のおっしゃるとおり、誰一人笑う人はいませんでした。

それまでのわたしは相手の目線が少し上にいくだけで、自分の頭を見られているのではないかと、気になって気になって仕方がありませんでした。

しかし、殿下から「健常者とハンディキャッパーには差はないという心を持つならば、君のやっている全国経営者団体連合会で講演会をしてあげよう」というお言葉をいただきました。まだまだ殿下のお話しされている福祉現場のことはよくわかりませんでしたが、殿下のおっしゃっていることを少しでも理解して、自分の行動として移していこうと考え、その出会いのチャンスを活かして、殿下にお礼の手紙とともに、次の講演会の依頼に出向いたのです。

それから、殿下のおかげでいろいろな人に「小さいときにやけどをしまして、じつはかつらなんです」と話すことができるようになりました。

そして、1996年に北海道から九州まで、殿下に全国縦断の講演会をしていただくことになったのです。

殿下の優しさはいつでも感じることができました。最初に北海道で講演していただいたあと、会員の方々と一緒にゴルフをやったときのことです。休憩所で、殿下はいつも会員のご家族やお世話になっている警備の北海道警察の方に「誕生日だったね」と殿下のお嬢様が焼いたクッキーをお渡しになっていたのです。その警備の方はいつもお伴する方で、殿下はそういった身近な方への気配りを忘れない、ほんとうに優しい方だとあらためて感じました。

ところが、このゴルフ会で、殿下から厳しいお叱りを受けることになってしまいます。まさに青天の霹靂で、8枚にわたったお叱りの手紙でした。どなたも宮様とゴルフをした経験はありませんから、いつもと違うプレー行動がたくさんあったのです。わたしはその手紙を受け取ったその日のうちに、10回以上も読み返して、毛筆でお詫びの手紙を書き、夜遅くに宮邸へ届けに行きました。

手紙には「殿下のご指摘のとおりです」と始めました。全国縦断の講演会初日にそういった出来事があり、すべてが終わりかと思ったほどです。感動の手紙の一部をご紹介します。

「一般の国民、県民、市民等々に対しては、難しい事を当方は言うつもりはない。しかしながら、貴兄は、当方の様な立場の人間を始め、著名人を雇用しては、講演会・シンポジウム等を開催している訳だし、御自分もその中で発言をされることもあると聞いている。そうであるならば、貴兄は部分的とはいえ、ある分野の『リーダー』の中の一人として存在している訳であり、貴兄御自身の人格・見識・理念・哲学等々が、人前に出せるものでなければ（中略）。

この事は必要最小限の重要事項であり、この資格無き者は『リーダー』としての発言・行動は厳に慎むべきものと考える。

有資格者たり得ようとするならば、少なくとも自分のテリトリーに関しては、誰からも指弾される事のないレヴェルに迄、理念・哲学を高めておくべきであるし、それが成ってこそ世間の人々はその有資格者の言動をお手本とするに、やぶさかでない事になる」

まさに、わたしは殿下から21世紀のリーダーとはこういうものだということを教えていただいたのです。

さらには、「これほど左様に『リーダー』というものは、厳しく、つらく、重い立場である事を銘記して（中略）。今後の貴兄の真の成長の為にも中小企業の人々の為にも、福祉界の為にも、腹を据えて、コツコツと地道にケルンに石を一つひとつ積み上げるがごとき努力を一歩一歩踏み出される事を心から期待しつつ筆を措きたいと思う」

ほんとうにこの部分に感動して涙が出ました。初心に返ることができたんです。わたしももう一度、人と接する際のマナー、リーダーたるものということを勉強させていただきました。

殿下はとてもジェントルマンですし、もちろん、ゴルフのマナーについてもそうですが、ご著書にも書かれているとおり一生懸命、国民の方々と皇室との距離を縮めるような行動をされていました。

ですから、わたしは旅行に行ったらお土産を買って、お届けに上がったり、殿下と接するときにはなるべく普通のふるまいをしていました。

また、殿下がお話しになるパーティーや行事に積極的に足を運んでいました。著名人との出会いがあったとしても、自分自身の立場や人との接し方が大切なのです。

ソニー創業者

盛田昭夫氏

出会いはチャンス

ソニー創業者の一人である盛田昭夫さんとの出会いは、さまざまな会合に出席するなかで、ご挨拶をさせていただくような、ごく一般的なものでした。

盛田さんはご存じのとおり技術者出身でしかも営業の第一線で活躍し、トランジスタラジオ、ウォークマンを世界に売り込んだ方です。井深大氏とともにソニーを世界的規模の企業に育て上げ、井深氏の技術的発想を実現するとともに、つねにソニーの発展に貢献し続けた方です。

その盛田さんと親しく家族ぐるみのお付き合いをするようになったのは、今からおよそ30年以上も前のことで、評論家の竹村健一さんにつくっていただいたご縁でした。竹村先生とは、全経連の講演会で講師をお願いして以来のお付き合いで、とても親しくさせていただいておりました。

あるとき、竹村先生が親しい方々と休暇を過ごすために、旭川にマンションを建てる話があり、わたしもお誘いいただいたのです。そのマンションに評論家の日下公人《きみんど》さん、ソニーの盛田昭夫さんがいらっしゃったのです。

旭川では盛田さんのご一家、竹村先生のご一家と家族ぐるみでスキーをしたり、テニスをしたり、食事をしたり、楽しく過ごした思い出がいっぱいあります。

また、旭川でお祭りがあったとき、「竹村健一号」という船に乗って旭川の川下りコンテストに一緒に参加してNHK賞をいただいたこともあります。ほんとうに、盛田さんのご家族と親しくなれたのは、竹村先生からいただいたご縁のおかげです。

誰にでも優しく丁寧な対応に感動

親しくしていたなかでとても印象に残っている出来事があります。

それは、竹村先生のリゾートマンション、カムイミンタルのオープニングパーティーを当時の旭川市長や地元の方々が、旭川のホテルで開いてくださったときのことでした。

盛田さんはパーティーの最中、子どもたちが椅子に座っていて、お母さんたちが立っているのを見て、「君たち、レイディが立っているときには、どうぞって譲るのがジェントルマンだよ」と丁寧に教えていたのです。そのとき、とても感動したことを今でもよくおぼえています。

ほかにも盛田さんの気さくなお人柄についてのエピソードがあります。それはスキーのあとの食事が終わって、「さあ、もうひと滑りしに行こう」というときに、わたしの息子が盛田さんに「一緒に写真を撮ってください」とお願いしたことがありました。そうすると盛田さんは、「ちょっと待って」とおっしゃり、毛糸の帽子とゴーグルを外されました。「帽子とゴーグルを外さないと、僕だとわからないから」と笑顔で気さくにおっしゃったのです。

ちょっとしたお願いにも、丁寧に応えてくださるその姿に、盛田さんの優しいお人柄を肌で感じた出来事でした。その後もハワイでご一緒したり、ご自宅に招いていただいたり、ほんとうに親しくさせていただきました。

弔電と手紙

わたしの母が亡くなったときに、ソニーの会長であった盛田さんと奥様の良子さんのお二人から弔電をいただきました。ありきたりな定型文ではなく、心のこもった文章が一行入っている電報でした。

また、父が亡くなったときには、奥様が手書きのFAXで優しい言葉をかけてくださいました。

盛田家の心遣いに感動し、それ以来、わたしも電報を打つときには、その方とのご縁を文章に添えています。

自分が感動したこと、していただいてうれしかったことを真似することで、自分のオリジナリティをもって人の心を打つことができるようになります。誰に対しても優しく教えてくださっていた盛田さんのお姿を見て、そばで勉強させていただいたことはとても貴重な経験でした。


世界の盛田さんはつねに向上心があり、また子どものような好奇心で世界を捉えていらしたことも記憶しています。ご自宅をお訪ねしたときにも、世界中から集めた音響機器、竹張りの蓄音機や大きな手回しのオルゴールなどを子どものような表情で見せてくださいました。

盛田さんに教えていただいたことは数多く、またプライベートでもご家族と親しくさせていただいたことに感謝しております。いつも会うだけでワクワクして、誰に対しても丁寧に教えてくださる。時にはソニーの創業者ではなく、一人の父親のような方でした。

人と人は必ずどこかでつながっています。ほんとうに不思議なことに、縁というのは大事にすればするほど、広がっていきます。盛田さんのご家族と楽しいひとときを過ごせた思い出は、わたしの人生において、とても大きな財産になっています。

財団法人日本相撲協会 外部理事／社団法人日本ゴルフツアー機構 会長／
日本放送協会（ＮＨＫ）第17代会長／大隈記念教育財団 理事長／横綱審議委員会 委員長

海老沢勝二氏

「同仁倶楽部」でご一緒に

日本放送協会（ＮＨＫ）元会長である海老沢勝二さんは、会長時代には世界中から目標とされたハイビジョンシステムを構築し、世界に冠たる放送局としての地位向上に尽力された方として知られています。

わたしが最初に海老沢さんにお会いしたのは、今から40年以上前に石川島播磨重工業（現ＩＨＩ）の元社長であった真藤恒さんの提唱で始まった、政府役員と民間企業人の勉強会「同仁倶楽部」の場でした。

「同仁倶楽部」にわたしがメンバーとして参加できたのは、その当時、元外務大臣などを歴任された、柿澤弘治さんと、自治省（現総務省）出身の久世公堯《きみたか》元参議院議員の推薦があったからです。そのおかげで入会でき、各省庁のメンバーの方々と親しくさせていただいておりました。

「同仁倶楽部」は当時新橋に事務所があり、昼と夜の勉強会や施設見学会や視察会をおこなったり、春と秋にはゴルフ会が開催されていました。そのような交流のなかで現職やOB、中小企業、大企業の経営者の方々が情報交換をしていたのです。最初のころは40人ほどでしたが、そのメンバーの中に海老沢さんが参加されていたのです。

この倶楽部は法人ではなく、現職の政府役員の方がいることを考慮し、任意法人として各省を網羅しており、将来事務次官になられるような方々も多くいらして、起業2年目に入った30代のわたしにとっては多くを勉強させていただける場でした。

勉強の場

ゴルフ会の際に海老沢さんをお迎えに行かせていただき、当時の外務省の北島元官房長を含めて車中でいろいろとお話ししたことを思い出します。経営者としてはまだ若いわたしでしたが、荷物を運ばせていただいたり、運転手をさせていただいたり、楽しく交流させていただいていたのです。

あるとき、お願いごとをしにＮＨＫにうかがったことがありました。当時、全経連ではトップマネジメントセミナーを開催しており、その際にお招きしたアメリカのゴルフティーチングプロをご紹介したかったのです。すると、海老沢さんはとても快く彼をＮＨＫのゴルフレッスン番組に採用してくださいました。

また、文具を扱う大手会社の友人の依頼で営業にうかがったこともありました。ちょうどＮＨＫが各地に撮影スタジオを建設中だったこともあり、導入してくださいました。恐縮するわたしに「谷口さん、よければ導入しますから」とおっしゃってくださった、そのときの驚きと感激は今でも忘れていません。

ハイビジョン放送

今では当たり前になりましたが、当時NHKが研究開発を進めていたハイビジョン放送に関しても、海老沢さんは素人のわたしにもとてもわかりやすく詳しく教えてくださいました。そして、ジョージ・W・ブッシュ大統領選のときにはじめて採用されたハイビジョン放送は、全世界を驚かせました。

また、海老沢さんはNHKアーカイブセンターへの貢献もすばらしく、PGAゴルフツアーの番組、大リーグの放映権など、NHKの財産を数多く残されています。ハリウッドスターの契約では当たり前のことも、日本ではなかなか浸透していかないギャランティの問題であったり、再放送やDVDなどの権利であったり、出演者の方々とのさまざまな問題にも正しく進められるようなシステムを構築されていきました。

そういった面でＮＨＫを大改革しながら、人材育成、制作などの基盤をつくってこられた海老沢さんには見習うべき点がたくさんあります。

２００２年にはハイビジョンの普及を評価され、「国際エミー賞」の経営者賞を受賞されたこともありました。

現在もゴルフや相撲などのスポーツ界の発展や若い人材の育成にも使命感をもって尽力されており、教育的な面をおもちで、社会のため、日本のために日々ご活躍されています。

海老沢さんはとても謙虚な方で、どなたにも優しく分け隔てのない心で接する心の持ち主です。30年以上のお付き合いになりますが、ＮＨＫを引退されたあとも、さまざまな活動をされており、あまり文化的な趣味がなかったわたしをＮＨＫ交響楽団に誘ってくださったり、さまざまな文化交流に興味をもたせてくださいました。

日本各地の情報を多くの人々にお知らせすることを使命とされ、グローバルな視点をお持ちでした。

また日本の放送業界を民間放送とは違った、役割や視点で捉えていらっしゃいました。わたしは今でもずっと海老沢さんの育てた、NHKメディアテクノロジー（現NHKメディアテクノロジーズ）の西山博一元社長などのすばらしい方々と仲良くさせていただいていることに大変感謝していますし、新しい情報、世界の情報を先取りし、それを発信して、多くの方に役立てる姿勢を海老沢さんから学びました。

親しくなるためのヒント

なぜわたしが海老沢さんと親しくさせていただいたかというと、海老沢さんから学びたいという気持ちが強かったからです。同じ会に所属しているから誰とでも親しくなれるとは限りません。まず自分から行動を起こすことが大事です。学びたい方がいらしたら、会う機会をいかに多くつくることができるか、誠意をもって接することができるか、それが重要です。

わたしはよく周りの方々に「谷口さん、どうやったら多くの方々と親しくなれるのですか？」と聞かれます。

親しくなるためにはお会いする機会を何度もつくることが大切です。チャンスがあれば、何度でもお会いする。またさまざまな会に参加したり、紹介していただいたりする。多くの方々が集まる場所に自分から身を置き、行動していくことが親しくなれるポイントなのです。

第1章まとめ

一瞬の出会いを活かすために

「谷口さんはほんとうに人脈が広いですね」

今ではこう言っていただけることもありますが、かつてのわたしは正反対の世界にいた人間です。田舎から出てきて、よい大学の出でもない、いちサラリーマンだった時代から、独立をして人脈の種ができたのは故郷の同窓会からでした。

人脈というと、大層なものに聞こえますが、人脈とは意図してつくるものではなく、目の前の人を大切にした結果、自然と広がるものなのです。小学校、中学校、高校、大学、サークル……。なんでもかまいません。今まで皆さんが所属してきたコミュニティの集まりを主催しましょう。積極的に幹事役を引き受けましょう。ひとつの出会いから人脈は広がっていきます。

人脈づくりに失敗する典型例が売り込む人です。影響力のある人にアピールをしたり、媚を売ったりする。わたしが相手とお付き合いするときに、何より気をつけているものは〝距離感〟です。親しくなるとは、詰まるところ距離が近いということ。どんな場所でもどんな相手でも距離を近づけようと努力していると、人脈づくりが目的でなくても自然と人の輪が広がっていきます。

2018年に小泉純一郎元総理の1000人イベントをおこないました。小泉元総理との出会いは島田塾のゴルフコンペです。

その日、わたしは島田晴雄先生と塾生たちのゴルフに誘われていました。ハワイから帰国する日だったのですが、島田先生のお誘いはふたつ返事で引き受けます。

荷物を自宅に送ると、キャディバッグを持ったまま東京駅から新幹線に飛び乗り、軽井沢へ直行しました。

15分遅れで昼食会の席に着くなり、塾生たちからこう言われました。

「やっぱり谷口さんしかいませんね」

「どういうことですか？」

席上には小泉元総理もいらっしゃいました。

「東日本大震災のトモダチ作戦で被爆した米兵のために、小泉さんが基金を立ち上げたんです。先日、安藤忠雄さんとチャリティの講演をして400人を動員して、今度は東京で1000人規模で開催されたいそうなんです」

聞くと、今年度中に目標とする寄付金額を集めるために、年内に開催されたいというとです。寝耳に水の話でしたが、わたしはその場で「やります！」と答えました。すでに8月下旬です。準備を含めたら約1ヵ月間で1000人を集めなければならない。目処なんてまったく立っていない。でも後先のことは考えず、ふたつ返事で承諾しました。

もちろん、お断りすることもできました。しかし、そうしたら、わたしと小泉元総理との距離は、その他大勢の人たちと同じだったでしょう。相手の課題を解決すると、距離がグッと縮まります。今までの人脈をフル活用した結果、イベントはもちろん大成功でした。

小泉元総理はこのときのことをご自身の著書に記されました。しかも驚くべきことに「谷口さんの名前を載せていますから」と、ある日、突然アポなしで刷り上がった本をオフィスまで直接届けてくださったのです。このときの小泉元総理のお心遣いにはほんとうに感動しました。出会って5分での決断が、ここまで近しいお付き合いにつながっていったのです。

さらに、小泉元総理へお願いをして、息子の進次郎さんが主催するモーニングセミナーにも参加させていただくことができました。

ある日、小泉元総理と話していた際に、進次郎さんがモーニングセミナーをされていることを知り、メンバーになれないかお願いをしたのです。

ご快諾いただいてから半年間、音沙汰がなく、わたしは一度だけ連絡を入れました。

「進次郎さんのモーニングセミナーの件、どうなっていますでしょうか?」

「ああ、あれね、谷口さんをご招待するよう言っておきますよ」

こうして1年が経過したころ、モーニングセミナーのお知らせが届きました。初参加の日、開始30分前に会場入りすると、受付にはすでに進次郎さんが立っているではありませんか。

「谷口さんですね、講演会では父がお世話になったと聞いています。ありがとうございます。ぜひ一緒に写真を撮りましょう」

進次郎さんが国民的人気を誇る政治家である理由が、出会って30秒ですぐわかりました。スタッフの方に話を聞くと、普段は講演会スタート直前に会場入りされるそうです。その日はわたしが来ると、小泉元総理から情報を聞いて、出迎えてくださったのです。

それからわたしは毎月1回、進次郎さんのセミナーに通い続けました。檀上には進次郎さんが座られる定位置があります。その目の前の一番よい席に座るために、朝6時に起きて、開場と同時に席取りをします。

進次郎さんは講演終了後に、必ず一人ひとりにご挨拶をされます。わたしは目の前の席ですから、いの一番に握手を求めます。

「今日もいいお話でした」

「いつも最前列の席で聴いていていただいて、ありがとうございます」

こうして2年の月日が流れました――。そのあいだ、「いつかこの講演を全経連で実現したい。小泉元総理との親子講演が実現できたら最高だなぁ」と、夢が膨らんでいきました。

ある日、モーニングセミナー終了後にいつもどおりにご挨拶してから、進次郎さんにそれとなく伝えたこともありました。ところが、小泉元総理は自民党の原発政策に反対していることもあり、進次郎さんとしては微妙な立場です。あまり反応がよくなかったので、単独での講演企画に切り替えて、島田先生にご相談させていただきました。

「来年の講演は小泉進次郎さんにお願いをしたいのですが……」

小泉元総理も進次郎さんも島田先生から広がった人脈です。島田先生を通さずに話を進めるわけにはいきません。

島田先生はわたしがつくった企画書に目を通してくださり「この表現は変えたほうがいい」と細かいところまでチェックしてくださいました。

そして、進次郎さんの事務所へ企画書を送ると、一発ＯＫ。その後のモーニングセミナーで「谷口さん、今度の講演やりますよ。よろしくお願いします」と、進次郎さんからも直接お返事をいただきました。

おもてなしとは、おもてが見えないこと。料理人がゲストのために、特別にそのゲストの好きな食材を仕入れておく。寿司職人なら、マグロ好きの顧客のために、大間のマグロを調達して、注文が入ったときにサッと提供する。それを食べた顧客も亭主の心遣いがわかるわけです。

人は他人のことをそんなに簡単には信用しません。名刺交換をして、手紙を出して、お会いして徐々に距離が縮まっていきます。

一瞬の出会いを大切にするためには、瞬発力が大切です。ただし、人脈が広がるためには裏の仕込み、準備が９割です。

第2章

つながったご縁を生涯大切にする

ファッションデザイナー

コシノジュンコさん

NHK話題のドラマ「カーネーション」

NHKで放送された連続テレビ小説「カーネーション」で話題となった世界的なファッションデザイナー、コシノジュンコさんとは長きにわたり交友を深めています。

コシノさんは、「カーネーション」のモデルとなった小篠綾子さんの娘、コシノ三姉妹の次女として生まれ、最年少の19歳で新人デザイナーの登竜門と呼ばれる装苑賞を受賞し、現在では世界各国、NY、中国、キューバなどでもファッションショーを開催する、世界トップクラスのデザイナーです。

芳村真理さん、森英恵さん、芦田淳さんなどのパーティーなどでコシノさんとお顔を合わせたことは何度もありました。

お互いの息子たちが青山学院初等部で同級生になったことから、一緒に子どもたちの運動会へ行ったり、催し物のお手伝いをしたり、青山学院初等部での家族バザーで、コシノさんと一緒に、当時人気だった、関取になったばかりの若貴兄弟を内緒でお招きしたこともありました。そのときには餅つき大会をしたり体育館で子どもたちとじゃんけんゲームをしたり、人気のテレホンカードをプレゼントしたりと、子どもたちが楽しんでいたことを懐かしく思い出します。

当時、歌手の谷村新司さんの娘さんも在学しており、谷村さんとコシノさんたちは、子どもたちのために熱心に保護者活動をなさっていました。


わたしも毎日多くの方々とお目にかかりますが、コシノさんはほんとうに丁寧に一人ひとりお会いした方と話をされ、一度出会った方は必ずおぼえていらっしゃるのです。

以前、全経連でもコシノさんのご自宅兼ブティックで、ファッションアドバイスの会を開催させていただいたことがありました。そのときには、ご自身でご自宅を案内してくださったり、お茶会ではおもてなしの本を書かれていらっしゃるコシノさんのセレブ流、素敵なおもてなしの心を伝えてくださいました。

もちろん、タキシードやドレスなど、その方々のお持ちの魅力を上手に引き出してくれるようなすばらしいセンスでアドバイスをいただき、会員の方々を魅了してくださいました。

多くのファンを持つコシノさんですから、わたしのところにもさまざまな方から紹介してほしいとの連絡をいただくことも多いです。もちろん、皆さん、最初は世界的なファッションデザイナーであるコシノジュンコさんのブランドは「ハードルが高くて……」と思ってしまいがちですが、お目にかかってお話しされれば、すべての方にとても親切で、一度お会いしたら忘れられない気配りが、数多くのリピーターやファンを生み出してしていることがわかると思います。

共通の友人たちとの交流

渡辺プロダクションの渡邊美佐名誉会長も共通の友人の一人で、また、全経連野田一夫会長もコシノさんのファッションショーに出向かれたり、ゴルフをご一緒にされたりすることもあります。

全経連のチャリティゴルフコンペにご参加いただいたことがあり、大変ご多忙な毎日を過ごされていらっしゃるなか、健康管理も見習う点が多いです。

ほんとうに多くの方々に愛されていらっしゃる大阪岸和田気質のコシノさんですが、ファッションショーもとてもユニークな発想で企画されています。たとえば、水道局の工事現場で開催したり、キューバで開催したり、最近では「マッスルミュージカル」の衣装デザインも手がけるなど、とても発想が豊かで、経営者として学ぶ点も多いです。

「お母ちゃん」綾子さんとの思い出

パワフルで波瀾万丈のコシノさんのお母様が亡くなられたとき、わたしも富田林に駆けつけたのですが、家族だけでとのことでした。遠慮していたところ、コシノさんに「家族みたいなものじゃないの」と、ご家族の皆様とご一緒に「お母ちゃん」をお見送りさせていただいたこともとても印象に残っています。

その「お母ちゃん」に生前、お話しくださったなかのひとつに、一番下のお嬢さんのミチコさんがロンドンに行ったときのエピソードがありました。

ロンドンでお金を使い果たしてしまったミチコさんに会いに行ったそうです。ミチコさんはてっきり援助をしてくれるものと期待していたのですが、母の綾子さんは食事をしたあとのおつりしか渡さなかったそうです。「ミチコのためにお金は渡さずに帰る。お金を渡したらミチコは大成しない」と飛行機の中で泣きながら日本へ帰ってきたということを話してくださいました。ほんとうにすばらしい「お母ちゃん」魂だと実感しました。現在のコシノ三姉妹があるのは、「お母ちゃん」のおかげなんだと伝わってきました。

和装から洋装へと切り替わる時代に、岸和田という地でいち早く洋装に着目し、呉服商を営む実家を洋装店に衣替えした綾子さん。スピーディーなその仕事の仕方や斬新なファッションセンスでお客様が増えていったそうです。晩年には「アヤココシノブランド」も立ち上げるなど日本の母の代表のような方でした。

コシノさんの温かい人柄がわかる「お母ちゃん」への親孝行話。いつまでも元気な「お母ちゃん」のままでいてほしいという気持ちを込めてプレゼントしたウィッグをとても喜ばれていたそうです。

コシノさんのお心遣いは、すべての人が共通して見習うべき大切なものだと、いつもご一緒させていただいて実感しています。

一般社団法人日本総合研究所 会長／一般社団法人全国経営者団体連合会 会長

野田一夫氏

「ザ・フォーラム」のメンバーとして交流

全経連の会長である野田一夫先生との最初の出会いは、今から30年以上も前になります。立教大学の先生で、産業界ではとても有名で、数多くの講演会もされている先生に、当時、わたしが主催するセミナーにご登壇いただいたことがお付き合いの始まりです。

そのころ、野田先生はホテルニューオータニに事務所を構えられていて、若い起業家が先生を頼って指導を受けられていました。たとえば、ソフトバンクの孫正義さん、パソナグループの南部靖之さん、エイチ・アイ・エスの澤田秀雄さんなど、ベンチャー三銃士と呼ばれる今では有名な方々です。

わたしは「ザ・フォーラム」のメンバーで、そのクラブの会長を野田先生が務められていました。そこでゴルフコンペや海外視察などの機会に、交流を深めさせていただきました。

オーストラリアに野田先生や奥様、そのほか、多くの経済人の方々と研修に行ったとき、勉強会や視察をしたり、メンバーの方々の奥様方にゴルフなどをアテンドしたことも思い出のひとつです。

余談ですが、野田先生はゼミの生徒さんとご結婚されていて、奥様はとても若くておきれいな方と評判で、先生とは30歳ぐらいの年齢差があるのではないかと、周りの方々のあいだでは信じられていました。

しかし、数年前、先生の奥様が先生より9歳年下であったことがわかり、大変驚きました。とても若々しく素敵な奥様です。

NBCの立ち上げ

野田先生は1985年に社団法人ニュービジネス協議会（NBC、現一般社団法人東京ニュービジネス協議会）を設立され、初代理事長（1987年まで）としてご活躍されました。設立の際に、わたしも全経連を運営していたこともあり、アメリカのABCの日本版として新しいベンチャー企業を束ねる会としての構想などをお話ししてくださったのです。

野田先生のつねに新しいことへ挑戦する意欲はほんとうに学ぶべき点が多いです。92歳になっても歩き方も姿勢もすばらしく、30年前とまったく変わらない後ろ姿から今後も学んでいきたいと考えております。

そして、ソフトバンクの孫さんに対しても、何かあれば叱るという、それが野田先生の愛情で、とてもすばらしい教えだと感嘆いたしました。

全経連の会長に

全経連が再び立ち上がることができたのも、野田先生のおかげです。40年近く全経連を主宰してきたなかで、会長は野田先生しかいないと直感で思ったからです。そしてさっそく野田先生の事務所にうかがい、「全経連の会長になっていただけませんか」とお願いしたところ、ふたつ返事でご快諾いただきました。

その後、まだ詳しく内容についてお話ししていませんでしたが、もちろん、名前だけの会長ではなく、運営についても一緒に考えていく方向でお話が進んでいきました。野田先生は、何か新しいことを始めようというときには、必ず、後押しをしてくださる懐の深い方です。

2010年7月7日に全経連は一般社団法人となり、再生のため野田先生を会長に迎え、先生と一緒に日本の星、全経連の星を育てようと、新生全経連をスタートしました。

併せて平成立志塾の塾長にも就任いただき、東京、大阪で第一期から始め、若い経営者合わせて40名ほどが入塾し野田先生の指導のもと、経営について学んできました。新しい分野に挑戦していきながら、わたしも多くを学び意欲が湧き、さらに新しい全経連が「伝説の朝食会」「昼食会」などの新しい試みに挑戦することができたことにも感謝しています。

新生全経連として、わたしももう一度挑戦するため、将来若い企業家に会をバトンタッチするために、全経連の下に全経連ユースという学生ベンチャーで創業3年以下の起業家の会、さらには「志友舎」という志の高い大学2年生以下の若い世代の会を中心として、東京と大阪で勉強会をスタートさせたのです。

野田先生のおかげで、新しい全経連として若い人たちにバトンタッチしていける道筋ができてきたことに大変感謝しております。

合図は「555」

プライベートでは、「555」といって、早朝5時55分に野田先生のご自宅にお迎えに行って、大栄カントリーでゴルフを楽しみ、11時半過ぎには終わって帰宅し、午後から仕事をするということを時々楽しんでいます。野田先生はほんとうにお若く、一緒にいるわたしもたくさんの元気をいただいています。

わたしが少しでもお手伝いできることは、ゴルフプレーで野田先生が「エージシュート」という自分の年齢以下の総打数で18ホールをまわることについてです。きっと近いうちに実現されると思います。わたしもとても楽しみにしています。

会社の規模の大小ということなども関係なく、全経連のメンバーにも丁寧に指導してくださる先生は、第5章でもご紹介させていただく王貞治さんなどもそうですが、人を肩書きや地位などで判断しない、どなたにも優しい対応をされています。

ほんとうに共通して言えることは、誰に対しても丁寧なお人柄だからこそ、多くの方々が集まって来られるのだと確信しています。

ジャーナリスト 経済評論家

竹村健一氏

出会いは30年以上も前

ジャーナリストで経済評論家でもある竹村健一先生との出会いは、30年以上も前になります。その当時から竹村先生は、テレビなどのメディアで鋭い切り口での論評が評判の経済評論家として名を馳せていました。

私自身もさまざまな会合に出席していたので、ご挨拶させていただいたり、お話をさせていただいたりすることが多くなり、そういったご縁で全経連での講師をお願いしたことから、さらに親しくさせていただいたのです。

その後、竹村先生が主宰している竹村会にご一緒し、富山を始めとする全国各地で地元の名士や知事が出席されるなかで対談や講演などをさせていただいておりました。

わたしは、視察での海外出張も多く、いつもお世話になる方々にどのようなものをお贈りしたらよいかをうかがったときに、竹村先生は自分自身がよく理解している地元の名産品を持っていくことが相手に喜ばれるということを話してくださいました。

わたしは、岐阜県出身なので、うちわや提灯など、育った環境で身近な名産品を持って海外視察に行くようになりました。どのようにしたら相手に喜んでいただけるかということをつねに考えることが大切なのだと教えてくださったのです。

竹村先生のあるラジオ番組に呼んでいただいたときに、わたしが六本木で買ったくじで100万円が当たり、それを創業資金にして起業したという話をご紹介してくださったのです。私自身、自分が興味あることを突き詰めてきただけなので、竹村先生に「谷口さんは人がやらないような新しい分野での事業を展開されてきた」とお話しいただいたときには、ほんとうに感動しました。経営者にとってこれほどのほめ言葉はありません。

事業家としての竹村先生

竹村先生は事業家でもあり、全国に拠点を持っておられました。今から22年ほど前に、北海道の旭川に分譲マンションを建てるということで、わたしにも声をかけてくださいました。住まわれる方々の中には、竹村先生の親しいご友人の盛田昭夫さん、評論家の日下公人さんなどそうそうたる方々もお越しになるということで、大変光栄に思い、金額も聞かずに即答で入居しますと答えました。

マンション名は「カムイミンタル」といい、それはアイヌ語の「神々の遊ぶ庭」という意味のとおり楽園のような場所で、冬は家族を連れてスキーをしに行ったり、バーベキューをしたり、竹村先生がピアノを弾いてくださったりと竹村先生のファミリーだけではなく、盛田さんファミリーを始めとするさまざまな方々とも楽しく過ごさせていただいたのをおぼえています。旭川の川下りコンテストに竹村健一号で参加してNHK杯をいただいたことも楽しい思い出のひとつです。

分け隔てない優しさ

私たちは年末まで竹村先生のところでスキーを楽しみ、1月1日には三浦雄一郎先生の手稲の別荘に行くことが毎年の年中行事になっていたのです。

そのころ、竹村先生はご自身のお孫さんたちもいらしていたにもかかわらず、わたしの子どもたちと一緒に遊んでくださいました。そのことは、子どもたちのよき思い出になっています。竹村先生のその優しさはほんとうに見習うべき姿でした。竹村先生のお誘いで、旭川の住人になったことは当時のわたしにとっては大変な決断でしたが、このようなご縁をいただけたことはほんとうにありがたいと実感しています。

また、地元の方々も大変大切にしておられます。地方の方々と友だちになって、ご自身の情報を伝えたり、世界に発信したりとほんとうにすばらしい活動をされていました。竹村先生のおかげで私自身の人脈が広がっていき、いただいたご縁を大切にしていると、さらに広がっていくことを教えていただきました。

竹村先生がよく「日本の経営者は遊びが下手」だとおっしゃっていたことについてうかがったとき、「ほかの人と違った目線、角度で物事を見なさい」「人が発想しないような視点で物事を見て来たので、それが今日につながってきている」とお話ししてくださいました。

仕事ばかりしていると新しい発想やアイデアはなかなか生まれてこない、ということを伝えてくださったのです。現在もそのとおりだと考えています。やはり、このような時代だからこそ、苦しい時代だからこそ、遊び心を忘れてはいけないのです。今でもその当時のことは胸に刻んでいます。

わたしも若手経営者の方々に趣味を持って、遊びの中にこそ、大切なものが隠れているケースがあるという、竹村先生の教えを伝えています。

株式会社ネクシィーズ　代表取締役社長

近藤太香巳氏

近藤さんとの出会い

19歳のとき、50万円を元手に会社を起業し、34歳でナスダック・ジャパン（現ヘラクレス）へ株式上場を果たした株式会社ネクシィーズ、近藤太香巳《たかみ》社長とはじめて出会ったのは、彼がまだ20代前半のころで、当時、椿山荘で開催されていた「フォーユー」という交流会でした。近藤さんの会社はまだ若い会社でしたが、目をキラキラ輝かせ「上場するんだ」という高い志を持った、とても印象的な経営者だったのをおぼえています。

その後、37歳にして2004年当時最年少創業社長として、東証一部上場を果たすほどに会社を大きく成長されてました。
わたしは出会ってすぐ「この人は情熱家」と感じたのです。関西のノリのよさもあって、この次の時代を担う若き経営者に対して、わたしの人脈のなかで何か協力できることはないかと考え、最初にパソナグループ代表の南部靖之さんを紹介したのです。

そして近藤さんとお付き合いするようになって、事務所に顔を出すことも多くなっていきました。彼の会社では朝9時半から夜の12時過ぎまで熱心に仕事をしていて、夜の10時ごろ、彼の事務所を訪ねても忙しく仕事をされており、夜中の12時から社長室で終礼がおこなわれるほど勢いのある会社でした。
そのころから携帯電話の普及のために0円キャンペーンなど企業タイアップ営業を展開していたので、それならと西武ライオンズの元監督、森祇晶監督を紹介したこともありました。

また、彼の初の著書『パッション・ナビゲーター』（パジェット、1998年）の発刊のときにも、当時の在イギリスの北村大使や佐渡ヶ嶽親方、シダックス志太勤元会長など各界の著名人を紹介して出版パーティーを開催したこともありました。

近藤さんには個性も面白味もあり、感性も合うと感じていましたし、将来すごい人物になるだろうという直感も働き、彼の会社のキャンペーン営業の手伝いや新規ビジネスの話などをしながら、これまで見守ってきました。

そのあいだ、わたしが長年大切にお付き合いさせていただいているなかのお一人で、友人でもある三浦雄一郎さんを始め、認定NPO法人スペシャルオリンピックス日本（以下SO）細川佳代子名誉会長などもご紹介させていただきました。

学びと捉えて

お付き合いが続くなかでただ一度だけわたしは近藤さんを叱ったことがありました。ある出来事があり、そのことに対しての対応が「社長としてやるべきではない行動」と感じたからです。「そのような行動を取るのであれば、今後、君とは付き合えない」とはっきり伝えました。

人は勢いがあるときに、何か助言を受けても素直になれないことが時々あります。しかし、彼はわたしが伝えたことに納得し、自分の中でクリアにし、さらに成長してくれました。ますます彼の将来の姿に確信を持った瞬間でもありました。だからこそ今でもお付き合いが続いており、近藤さんの会社は、単なる携帯電話の代理店からプロモーション&マーケティングを駆使したビジネスモデルでグループ会社を抱えるまで飛躍的に成長していきました。ほんとうに、ポジティブな人間性を持っている経営者だと実感しました。

近藤さんとわたしは生まれもビジネスの分野も違います。私たちは20歳ほどの年齢差もあり、それぞれにさまざまな出会いがあり、いろいろなご縁があって現在に至っています。もちろん、彼が自分で努力し成長してきたからこそ今があり、わたしも先輩方から各界の方々をご紹介していただきながら、それ以上に親しくなろうと努力してきた結果が今日です。ご縁をつなげていくことは自分の努力なのです。

彼は経済界のリーダーになりつつありますが、起業時の周りの援助を決して忘れてはいません。それが成功者の基本だと思います。

以前、エイベックス元会長の依田巽さんも創業当時にお世話になった会社と事業が拡大してもお付き合いされていました。成功者は掘った井戸のことを絶対に忘れないのです。

まさに「実るほど頭《こうべ》を垂れる稲穂かな（稲が実を熟すほど穂が垂れ下がるように、人間も学問や徳が深まるにつれ、人格者ほど謙虚である）」なのです。人生の中でさまざまな人との出会いがあって、仲間と頑張ることによって、学びがあります。そして、成功者のエキスをいただき身につけていきます。

近藤さんは成功者に値する人物でもあり、パッションもあります。そういった面が若い経営者から支持されている要因だと思います。

お互いに多忙な毎日ですが、数ヵ月に一度は食事に行き、情報を交換し合っています。近藤さんは情熱経済人交流会「一般社団法人パッションリーダーズ」の代表理事として、次世代を担うリーダーたちに学びの場を提供されています。

人脈は自分だけのものではありません。わたしは、わたしの人脈を次の若い世代の経営者にバトンタッチし、そうすることによってさらに経済も発展していくと考えています。

もちろん、人脈は簡単にはつくれませんが、長年積み重ねていった人脈を事業とともに発展させ、さらに展開していくことを近藤さんは実践しています。

「年をとって、丸くなったんじゃないですか」と先日、食事をした際に近藤さんから言われました。わたしとしては筋道を外れたことをすべきではないと叱ったのはたった1回きりだったのですが、そのときのことが強烈な印象として残っていて、いまだにおぼえているようです。

次世代のリーダーたちに期待

24年ほど前に先日のアカデミー賞受賞映画『マーガレット・サッチャー　鉄の女の涙』で話題になった、イギリスのサッチャー元首相を全経連で招聘しました。その講演会のプロデューサーであったわたしは、当時、28歳の近藤さんにサッチャーさんに花束を渡す大役を任せたことがあったのです。

どのようなＶＩＰの中にいても輝きを放つ近藤さんを、私自身も誇りに思いました。わたしもまったく知人がいなかったこの業界で創業し、ベンチャー企業とのアライアンスをさせていただきながら、近藤さんとも「一緒盛り上げていきましょう」という話をしています。

これからも若い世代の経営者の方々に期待しています。

ギャガ株式会社 代表取締役会長兼社長CEO

依田巽氏

エイベックスの実質的な創業者

依田巽さんは、皆さんご存じの浜崎あゆみさんという歌姫を輩出した、エイベックスの実質的な創業者として経営の中心を担ってきた方です。

わたしが依田さんとはじめてお会いしたのは、今から25年以上も前のことで、エイベックスの会長をなさっていたときです。その当時、親しくさせていただいた渡辺プロダクションの渡邊美佐さんからのご紹介だったと記憶しています。

依田さんはこれまで、音楽業界で数多くの才能を世に送り出したことで知られています。そしてここ数年は映画配給会社のギャガ株式会社のトップとして、映画業界で手腕を発揮されている方です。つねに広い視野をお持ちで、しかも世界の最先端の情報をお持ちの国際人でもあります。

その依田さんですがじつは「スター・ウォーズ」の有名なキャラクターのモデルでもあるという逸話もお持ちなのです。

ハワイでの思い出

依田さんと知り合った当初、プライベートでご一緒することが多く、たとえばハワイで一緒にゴルフをプレーしたり、お食事をしたりということがよくあり、ますます親しくさせていただくようになりました。

ハワイでの印象的な思い出のひとつに、わたしがメンバーであるハワイのワイアラエカントリークラブの入会のお手伝いをしたことがあります。

依田さんをメンバーとして迎える際、ワイアラエのメンバーシップコミュニティが依田さんのことをわたしの大切な友人と知り、サプライズとして入会日をミレニアム2001年1月1日に決定してくれたのです。

そして、この日はじつはわたしの誕生日でもあったのです。アメリカ人の粋な計らいに依田さんも大変喜んでくださったことを今でも鮮明におぼえています。

還暦のパーティー

また、今からおよそ20年近く前になりますが、依田さんの60歳の還暦のお祝いパーティーのときに大変多くのご縁をいただきました。当時エイベックスが経営していた、東京六本木のヴェルファーレにある香花というレストランで、20名限定であったパーティーにわたしも呼んでいただいたことがあったのです。

そのなかには楽天の会長兼社長である三木谷浩史さん、TSUTAYAの会長、増田宗昭さん、オリコン創業者の小池聰行《そうこう》さん、そして東芝元会長の西室泰三さんなどといった日本経済を牽引する方々が大勢いらっしゃり、今でもとても光栄なことだと感謝しています。

さらにはワイン好きの依田さんならではの演出もあり、貴重なロマネ・コンティなどもふるまっていただき、当時のパーティーでのことは、その後のわたしの活動にとって大きな意味のある出来事のひとつになりました。

さらに、共通の友人も多く、岐阜県人会でご一緒させていただいているボーダフォン元会長の林義郎さん、西室泰三さん、先日、お別れ会をさせていただいた故人のスカイコート元会長の西田鐵男さんといった方々とは、小金井カントリー倶楽部でのゴルフ仲間なのです。

ご縁を大切にされる方

依田さんはわたしと同じように以前から若い起業家を支援しています。エイベックスでもそうでしたし、現在のギャガでもそのスタンスは変わっていません。起業したばかりのネクシィーズの近藤太香巳社長を始め、周りにいる若い経営者たちも依田さんにご指導していただいたのです。

若き経営者、将来を嘱望されている方々にとても理解があり、さらに協力的な方です。多くの方々と接点を持たれる方ですが、わたしは依田さんのことをほんとうにご縁を大切にされる方だと思っています。

9年前の10月にわたしの長男、裕也の結婚式がありました。依田さんには来賓代表として乾杯の音頭をとっていただきました。東京国際映画祭チェアマンを務めておられた依田さんは、エコロジーをテーマにしたお馴染みのグリーンのネクタイの格好で登場され、会場を沸かせました。

そして、わたしがすばらしいと考える点は、経営者としての決断がとても速いという点です。GOするときは判断もすばやいですし、また慎重かつ大胆なところも依田さんの魅力です。そのような点でも依田さんとは気が合い、尊敬する経営者のお一人です。

浜崎あゆみ、平原綾香を始めとした数々のヒットを生み出し、音楽業界を牽引し、そして映画界でのエンターテインメント性を追求している依田さんの経営者としての姿は見習うべきものが大変多いです。

そして、社会貢献にも力を注ぎ活動され、全経連でも支援しているSOなどにも協力していらっしゃいます。

今後も精力的な活動をされていかれる依田さんと一緒に、日本経済を楽しく盛り上げていきます。

ギャガでの成功

これまで長きにわたりエンターテインメントの世界に関わって来られ、いつでも最先端の情報をお持ちでほんとうに教えていただくことが多い方です。

社名を「ギャガ株式会社」に変更し、「第三創業」としての新体制をスタートさせ、再起を賭けた勝負作『オーシャンズ』が興収約25億円の大ヒットとなり、映画配給業を主軸に据えた経営を打ち出しています。

そして2012年12月には、クリスチャン・マセ駐日フランス大使により、芸術文化勲章オフィシエに叙され、フランス映画への貢献が表彰されたのです。

東京国際映画祭チェアマンを2012年まで務めたほか、経済産業省が主導する日本政府のコンテンツ産業支援策でも重要な役割を果たしています。

つねにその新しいビジネス・モデルづくりに尽力し、日本だけではなく世界のエンターテインメントに、今後も新しい風を吹き込んでくれることを期待しています。

澤田秀雄氏

株式会社エイチ・アイ・エス 代表取締役会長

出会いは野田会長からのご縁

澤田秀雄さんは、海外旅行会社で最大手のエイチ・アイ・エスの創業者であることは周知のとおりですが、現在私たちが、海外へ気軽に旅行ができるようになったのは、エイチ・アイ・エス創業当時の激安海外旅行を実現された澤田さんのご苦労の賜でありります。

わたしが澤田さんとお会いしたのは、野田一夫会長からの紹介がきっかけでした。全経連の創業の頃からのお付き合いなので40年近くになります。澤田さんが、旅行代理店を設立されたのが39年前で、わたしがお会いしたときは澤田さんの会社が3年目で急成長されたころでした。創業当時から、快く講師などを引き受けてくださり、全経連のイベントには必ず参加いただいております。

2000年に六本木のヴェルファーレで開催した、ミレニアム・サミット2000では「21世紀へのベンチャースピリット〜成功へのポイントを探る」をテーマに、澤田さんと、当時エイベックス会長であった依田巽さんと、わたしの三人で対談が実現しました。また2010年に野田会長就任の際の全経連キックオフパーティーでも、キーノートセッションとして野田会長と澤田さんにご登壇いただきました。そして、全経連30周年記念パーティーでは、抽選会にグアムの旅行券を提供していただきパーティー出席者にとても喜んでいただけました。澤田さんにはいつも支えていただいていますが、とても人情味溢れる方だと思います。

ゴルフの思い出

澤田さんとは共通の友人も多く、楽しい思い出はたくさんあるのですが、以前ハワイでゴルフをご一緒したときの忘れられない思い出があります。ゴルフに負けたほうがディナーをご馳走するという賭けをしました。わたしは、ハンディはエブリホールワンの18が妥当だと主張しましたが、どうしても負けたくない澤田さんはハンディを多く欲しいとおっしゃったので、ハンディ24をつけて勝負をしました。1日目は引き分けで勝負がつきませんでした。

そして、2日目はわたしが勝利しました。澤田さんはとても悔しそうでした。その夜のディナーは約束どおりご馳走していただき、そのときの澤田さんの残念そうな顔は今でも忘れられません。これも澤田さんとの楽しい思い出のひとつです。

わたしはゴルフゲームでは勝たせていただいておりますので、グアム旅行470名、バリ島旅行200名、韓国旅行180名などをご紹介させていただき、お客様にも大変喜んでいただいております。

澤田さんは、とにかく仕事もゴルフも何においても負けず嫌いです。その負けず嫌い＝苦境に負けまいとする精神が澤田さんの事業成功の源ではないでしょうか。

ハウステンボス再建

2003年に巨額の負債を抱えて経営破綻した長崎のハウステンボスを、わずか1年で黒字計上したことで、澤田さんの経営手腕が今、あらためて注目を浴びています。ハウステンボスは開業以来18年間赤字続きで、再建不可能とも言われていました。

そのハウステンボスの経営を引き受けたのは、佐世保市長から三度も熱心な要請があったこと、社会貢献をしたいと思ったこと、そして、高い山があると登りたくなるという血が騒いだことが理由だそうです。三つ目の理由は、まさに、澤田さんの苦境に立ち向かうチャレンジ精神旺盛な性格が表れていると思いました。そしてまた、お願いされると断りきれない澤田さんの優しい性格がうかがえました。

全経連の会員家族と野田会長を含め、ハウステンボスツアーを企画し案内していただいたこともありました。広い園内をファミリー、シニア、若いカップル対象と、3エリアに分け特徴をつけるなど澤田さんの工夫が随所に見られました。ハウステンボスでは、何百億円もかかるアトラクションにはお金をかけることができません。そのため、澤田さんは、ハウステンボス経営のイベントに力を入れておられ、日本初のONE PIECE体験型アトラクションのサウザンド・サニー号クルーズなどのハウステンボスでしか体験できないイベントを次々に導入されました。

年に一度開催され大成功を収めている「世界フラワーガーデンショー」や、初夏には「バラ祭」冬には1000万個のLEDでライトアップする「光の王国」など、現在も澤田さんはハウステンボスの経営に尽力されています。

笑顔溢れるテーマパークづくりへ

2002年には「スクウェア21」の表紙を飾っていただき、巻頭対談にご登場いただきました。幼少時代のエピソードや、ドイツ留学中に世界50数カ国にリュックを背負って旅行をされ、そのころ肌で感じた体験談、創業当時の激安海外旅行を実現されるまでの苦労話などをお話しいただきました。

澤田さんは当時、「旅行業は世界を結ぶ平和産業だ」と語られました。現在は、ハウステンボス経営に力を注いでおられますが、人々の笑顔が溢れるテーマパークづくりなど澤田さんはいつも人々に幸せを送るパワーと優しさをお持ちです。そのような澤田さんを心から尊敬しています。これからもますます精力的に活動される澤田さんとともに、日本経済を元気に盛り上げていきたいと思います。

株式会社ホリプロ ファウンダー最高顧問

堀威夫氏

経営塾での出会いから

堀さんとの出会いは、針木康雄さんが主宰の経営塾フォーラムの勉強会でした。ゴルフをご一緒したり、パーティーや会合でお会いするたびに親しくなりました。今でも、経営塾やＮＢＣなどでよくお会いし親しくさせていただいています。また多くの芸能・スポーツ界の方々をご紹介いただき、講演会や「スクウェア21」のインタビュアーとしてお力添えいただいています。

堀さんは、舟木一夫・和田アキ子・山口百恵・スパイダースなど数多くの大スターを世に送り出してきた方です。全経連の会員のお子さんなどで、歌手やタレントになりたいという方もいらっしゃいます。堀さんにデモテープをお渡しすると、必ずご自身で聞いて「うちには向いていない」とか「1回会ってみようか」などと誠意ある対応をされます。

それは堀さんご自身が、戦後米兵が弾いてくれた音楽を聴きカルチャーショックを受け、音楽の世界にのめり込み、大学時代にはプロのバンドグループ、ワゴンマスターズでリードギターをしておられたということもあるのかもしれません。

東証一部上場を果たした唯一の芸能プロダクション

ホリプロは、1989年業界初の株式公開後2002年には東証一部上場を果たしました。ご自身がミュージシャンだったころ、ご長男が生まれ、当時のバンドマンへの世間的評価を考えると、父親がバンドマンでは子どもに顔向けができないと思われたそうです。

「士農工商芸能人で、芸能人の社会的地位は一番下だ。だから上場するんだ」と言って実現され、2002年に一部上場したとき大きなニュースになりましたが、このことを堀さんがどう捉えたかというと、新聞にあれだけ大きく扱われるのは、まだ世間に認知されていないという裏返しであり、さらにふんどしを締めてかからないといけないと思われたそうです。ホリプロと言えば、当時すでに数々の日本の大スターを輩出し、歌手に限らず、その時代時代のトップ俳優・女優などを抱えるまさにタレントの宝庫というべきプロダクションです。

それにもかかわらず、まだまだだと前に進む堀さんのパワーがホリプロの今日を支えているのだと思います。

ギターとたくあん

堀さんの趣味はじつはたくあんづくり。『ギターとたくあん　堀威夫流 不良の粋脈』（村松友視著、集英社、2010年）。この本は、堀さんの人生が描かれたものですがとてもよいタイトルだと思います。堀さんのご自宅にはたくあんをつくる「漬け物部屋」があるほどです。戦争中から戦後に食べた懐かしいたくあんの味は、市販のものにはなかったので、ご自宅を建てられる際に部屋をつくって、漬け物づくりがスタートしたそうです。よい大根をせり落とすところからのこだわりぶりで、もちろん添加物は一切使わない昔ながらのつくり方だから、食べるとコリコリとよい音がするほんとうに美味しいたくあんです。

堀さんは「たくあんっていうのは物凄く贅沢な食べ物なんだよ」とおっしゃいます。樽に漬けているから、1本だけとるわけにはいかない。漬物石のバランスが悪くなるから1本だけ食べたくても1段全部20本くらいとらないといけないそうです。ワインが栓を空けたらそのときに飲み切らないと美味しくないように、たくあんも樽から出したらすぐ食べないといけないそうです。

20本くらいのたくあんを、車の後ろに積んで一気に配るらしく、おかげで堀さんの車がぬかみそ臭くなるときもあるようです。それでも毎年たくあんをくださいます。1年に漬ける量はなんと300キログラムで、それを35年以上続けておられます。

「楽しくなきゃ人は集まらない！」

堀さんはNBCの古くからの会員で、わたしが会員委員会の委員長をしていたころ、合宿でのイベントを考えていると堀さんが「楽しくなきゃ人は集まらないよ」と言われたのです。堀さんは「やるならなんでも楽しくやろうよ！」という方です。その姿に深く共感したわたしは、合宿の勉強会の合間に地引き網漁をしたり、紙飛行機を皆で飛ばしたり、総会をキックオフに名称を変えてヴェルファーレの会場をお借りして皆の気持ちが盛り上がるような演出を工夫したりと、ただ勉強したり集まるだけではなく、どうすれば皆が楽しめる会にできるかを考えるようになりました。堀さんとはよくゴルフをご一緒させていただきますが、やはり楽しいゴルフをされます。

いつも笑顔で元気な堀さんですが、会社の入口の鏡に小さく「いい顔つくろう」と書いてあるそうです。前日楽しくないことがあっても、翌日までお通夜の晩みたいな顔をしていてはだめで、お客様のもとへ行く前にその鏡に自分を映し、昨日の嫌な残像が表情に残っていないかを見てもらうためだそうです。キラキラしている人には、勝利の女神が微笑んでくれるんだと教えていただきました。

多くの方にたくさんのことを教えていただきましたが、「楽しくなきゃ人は集まらない！」はわたしの人生に大きく影響を与えた言葉のひとつです。

第2章まとめ

1つのご縁から広がる人脈

親しくなった人は何十年経っても、再会したときに昔と変わらずお付き合いができます。1つのご縁を大切にすると、人脈は無限に広がっていくのです。

ウィーワークというニューヨーク発のシェアオフィスを展開している世界的企業があります。ソフトバンクグループの孫正義さんも30%出資しており、日本国内でも都心の一等地にビルを丸ごと借り切って、1棟で数十万人がオフィスをレンタルしています。

日本法人のクリス・ヒル元社長とのご縁は、30年来の知人女性が、顧問弁護士を務めていたことから始まりました。彼女はキッシンジャー元国務長官のセミナーをしたときに、講師の友人だった方の娘さんでした。

「ロータリークラブの交換留学生として今度日本に留学するからよろしくお願いしま

す」と紹介されてから、家族ぐるみのお付き合いをさせていただいていました。彼女はその後、大学を首席で卒業し、30年振りに再会したときには優秀な弁護士になっていました。

「谷口さんは昔からコミュニティづくりをされてきた。うちがコワーキングスペースというハードを持ちながら実現したいことを40年前から始められているんです」

光栄にもクリス元社長は全経連の取り組みを評価してくださり、日本での人脈を広げたいので、その場で手を組もうという話になりました。さらにお互いにジャズ好きであることがわかり、ジャズコンサートへ行く日程も決まりました。

紹介者の弁護士から「クリス社長が翌日には谷口さんのことを役員に話していましたよ」と言われるほど、たった1日で意気投合できたのです。

ウィーワークのオフィスで働いている人たちは40万~50万人います。入居者は自分たちの商品・サービスをメンバーに発信することができ、そこから「手を組みませんか?」「こんな技術を持っている人はいませんか?」とつながっていきます。

毎月、月曜日は屋上で無料の朝食パーティーをおこないます。ほかにもいろいろなイベントがあり、メンバー同士の交流が生まれているのです。

人脈を大きく広げるためには、コミュニティに属したり、講演会やパーティーに積極的に参加することが効果的です。

一流の人も同じコミュニティにいることで安心感があります。できるだけ伝統のあるコミュニティがおすすめです。わたしは現在4つのコミュニティに属しています。石川島播磨重工業の真藤恒社長がつくった政府の役人と民間人の勉強会である「同仁倶楽部」、島田晴雄先生の「島田塾」、皆出席している「ロータリークラブ」、経済評論家の針木康雄さんが若手経営者・リーダーを育てるためにつくった「月刊BOSSの経営塾」の4つに所属しています。

コミュニティ選びのポイントは「本業に近いもの」です。自分が出席できる範囲で、できるだけ多く所属するのがよいでしょう。

社会的な信用が高いものは会費も高額になります。その分、参加者の質もよいので、わたしは投資だと思って参加してきました。また体験参加できる会も多くあります。

一旦入会を決めたら、当然ですが全会出席をめざしましょう。

パーティーも知り合いを増やすためには効率のいい方法です。縁もゆかりもないパーティーに参加してもなかなか人脈は広がらないので、少しでも接点があるコミュニティのパーティーに出席しましょう。まずは地元の議員が主催するパーティーでもよいでしょう。

わたしは「参加者というパスポートを手に入れている」と思って、一度のパーティーで100枚は名刺を集めると決めていました。持っていく名刺は多めに200枚です。3時間のパーティーでも歓談時間は限られています。食事もせずにひたすら名刺交換を繰り返しました。

知り合いがいれば、まずご挨拶にうかがいます。客席から見てステージの右袖が上手になるので、来賓は左袖のテーブルに集まっています。わたしは知っている政治家の先生にお声かけをして、同じテーブルの方を紹介していただくのです。

誰も知らないパーティーでは後ろのほうで手持ち無沙汰にしている人がいます。そういう方に話しかけて人脈を広げていきます。そこで「この人とお近づきになりたい」と思った方がいれば、セミナーや講演会がないかを調べます。

セミナーや講演会はパーティーとはまた違ったふるまいになります。演台と講師席のなるべく近くに座ります。たいていは舞台右袖の最前列です。

講師席の近くを取るのは、一番に名刺交換をするためです。講演を聴いた人は誰もが講師と名刺交換をしたいのです。講師の印象に残るのは、真っ先に名刺交換に来てくれた人です。

「先日はどうもありがとうございました。○○さんのパーティーでお会いした谷口です」とご挨拶します。相手の反応を見て、自分のことを忘れているようなら、「少し名刺が変わりましたので」と、もう一度名刺交換をします。そして、1週間以内にお手紙を送ります。

「先日はお会いできて光栄でした。わたしは経営者支援をしております。またご縁があってどこかでお会いできればさいわいです」

さり気ない自己紹介と簡単な挨拶でかまいません。3回目にお会いしても「このあいだはありがとうございました。最近いかがですか？」と、名前を呼んでいただけるまでさらりと名刺を渡し続ける。これを短期間で5回繰り返せば、たいてい顔と名前はおぼえてもらえます。

また、講師の方との名刺交換を終えたら、それで終わりではありません。次は主催者の方へご挨拶をします。多くは会のはじめに紹介されるので、終演後、「貴重な機会を設けていただき、ありがとうございます」とお礼をお伝えし、名刺交換をします。

本人とすぐに意気投合できればよいのですが、まずは秘書やお付きの方に好かれることを考えましょう。顔と名前をおぼえてもらえるようになったら、わたしは事務所にうかがって、ご本人が不在でも秘書の方に「先日ハワイへ行ってきたので、よかったら休憩時間に皆さんで召し上がってください」とお土産を渡します。クッキーやチョコレートなど、みんなで分けられるものです。お土産は日常的な差し入れです。値段ではなくこだわりで選びます。

「先日帰省したときに、地元の特産品を買ってきました」

「これは知り合いの社長さんがつくっているお菓子なんです」

「北海道で人気のスイーツです。なかなか手に入らないのでお裾分けです」


すると、ご本人から連絡をいただけることもありますし、パーティーで再会したときに「先日はありがとうございました」とお礼を言っていただけることもあります。

「どうしたら相手に喜んでいただけるのか、親しくしていただけるのか」と、あの手この手を考える熱意は誠意として相手に必ず伝わります。

今まで講演会をきっかけに知り合った方は、ＺＯＺＯの前澤友作元社長やパソナグループの南部靖之代表、ユーグレナの出雲充社長などがいます。

第3章

どんなVIPでも親しくなれば友人

プロスキーヤー 冒険家

三浦雄一郎氏

スキーを学びに北海道へ

三浦雄一郎先生とのご縁は、スキーのイベントでご挨拶させていただいて、その後、全経連のセミナーの講師としてご登壇いただいたことから続いています。

今から40年くらい前のことです。その当時、全経連では異業種や、そのほかさまざまな分野のトップの方々をお招きし、全国的なセミナーを開催しておりました。当時、わたしは全国各地のセミナー開催のため、なかなか家でゆっくり子どもたちの相手をすることができませんでした。

そんな折、長男が小学校1年生のときに、学校でいじめられ泣いて帰ってきました。あまり運動も得意でなかったこともあり、何かひとつでも自信を持てるようなことができるようになってほしいという思いから、雄一郎先生にご相談して、北海道で、スキーの勉強をさせていただくことになったのです。

三浦家の人々に歓迎され

今では、すでにお亡くなりになった、雄一郎先生のご尊父である敬三先生、奥様、そして長女の恵美里さん、長男の雄大さん、ならびに、冬季オリンピックに2回も出場された経験をお持ちの次男の豪太さんたちと家族ぐるみのお付き合いをさせていただきました。そのおかげで雄一郎先生から直々にスキーを教わり、それ以来、長男は積極的な行動ができるような子どもに育ちました。ほんとうに長年公私にわたって、いろいろと教えていただいています。

毎年、北海道へ訪れるのは年末年始で、たまたまわたしの誕生日が1月1日で、しかも同じように雄一郎先生のところにお集まりになっていた政治評論家の細川隆一郎さん、囲碁の名人、本因坊の武宮正樹先生もまた、1月1日生まれだったこともあり、年末の30日からお正月の三が日まで、家族と一緒に約30年間お世話になり、すばらしい新年と誕生日をお祝いしていただくことが年中行事になっていたのでした。

また、敬三先生からはいつも健康についてのお話を聞かせていただき、食事や運動についてさまざまなことを教えていただきました。１００歳まで一人住まいをなさっており、雄一郎先生が「一緒に住みましょう」とお声かけしても、「もうちょっと年を取ってから」とお話しされていたそうです。

そのうえ、敬三先生は、私たちがスキーがスムーズに滑れるように、一人ひとりのスキーのエッジを手入れしてくださっていたことは、今でもとても印象に残っております。

さまざまなご縁をいただく

そのような経緯で、子どもたちもソルトレイクシティでのホームステイなども経験することができ、雄一郎先生の指導は滑りながらスキーを実践で教える方法で、大変上手にスキーを学ぶことができました。

世界七大陸をスキーでチャレンジされ滑った経験もあり、70歳を越えてからのエベレスト登頂や、クラーク記念国際高等学校の校長という役目もお持ちで、つねにチャレンジ精神があり、子どもたちへの教育に尽力を注がれていらっしゃる点も尊敬しています。

全経連の会員企業でもある大阪のＮＰＯ法人ＳＧ博友会の田中成和会長の特別養護老人ホーム（豊泉家）に、豪太さん監修のトレーニングセンターを開設するなどのご縁もありました。

雄一郎先生はほんとうに心の優しい方で、また、その周りにもたくさんの優しい方々が集まって来られ、どんどんと友人の輪が広がっていくのがわかりました。

そのような雄一郎先生ですからスキーを教えるときにも、どなたにも優しく丁寧な指導をなさっていらっしゃいます。

奥様も同様にとても優しい方で、またお料理の上手な方です。私たち家族や多くのゲストが山を訪れるたびに、その腕を振るってカレーやお正月はお雑煮をごちそうしてくださいました。

それにゴルフのプロアマのトーナメントのように、スキーのアマチュアとプロの大会なども主催され、スキーを皆が楽しめるように推進されていたのです。

自分には厳しく、つねに挑戦

雄一郎先生は、ご自分にはとても厳しく、エベレスト登頂を控えていたときにお会いしたら、両足に5キログラムのおもりをつけて歩いておられました。

また、ゴルフコンペでご一緒したときなどにも、同様に普段からのトレーニングをなさっていたのです。わたしもその先生のプロ意識を勉強させていただき、さまざまなことに挑戦してきました。もちろん現在も挑戦中です。

エベレスト登頂成功のあとには、全経連の会員に先生の挑戦のお話を聞いてもらいたく全国でも講演会をお願いしました。

不思議なことに、普段は仕事からつながりができて、親しくなっていくことが多いのですが、雄一郎先生とはスキーを通して仲良くなり、先生の考え方や生き方などを教わりました。

世界基準で物事を考え、行動していく雄一郎先生のアメリカ流の子育ての仕方は、ほんとうに勉強になりました。視野が広く自然とともに生きていく、この世界を見て生きていくことが大切だと教えていただきました。さまざまな場所でご一緒させていただいたこともとても印象に残っています。そして、これまでほんとうに多くの業界のトップの方々とのご縁もいただき、大変感謝しております。

歌舞伎役者十八代目

中村勘三郎氏

勘三郎さんとの出会い

十八代目中村勘三郎さんとのはじめての出会いは、今から約20年ほど前のまだ五代目中村勘九郎さんと呼んでいたころに遡ります。勘三郎さんとは、ある方のお誘いでハワイのワイアラエカントリークラブで一緒にプレーをしたことが最初の出会いです。そのとき、一度ゴルフをご一緒しただけでしたが、勘三郎さんから「お友だちになりましょう」とお声をかけていただき、連絡先を交換して波野哲明《のりあき》さん（通称のりさん）として親しくさせていただいたのです。その後、帰国してから勘三郎さんの舞台をよく見に行かせていただくようになりました。

はじめて歌舞伎の舞台を拝見したのは、以前からご縁のありました片岡孝夫さん、現在の十五代目片岡仁左衛門さんから「一度、歌舞伎の舞台を見に来てくださいね」とお誘いいただいたことがきっかけだったと思います。

もともと歌舞伎界では、参議院議長を務められた扇千景さんのご主人の四代目坂田藤十郎（当時、二代目中村扇雀）さんとのご縁もありましたが、仕事でお忙しいということもあり、なかなか見に行く機会がありませんでした。ですから、勘三郎さんとの出会いによって、歌舞伎が身近なものになっていったのです。

新しいものへの挑戦

勘三郎さんは、毎年6月にはコクーン歌舞伎で、古典の歌舞伎を知らない若い世代のために、串田和美さんや野田秀樹さんの協力で歌舞伎をわかりやすく新しい演出をされ、若い皆様が歌舞伎の虜になっていました。その新しい試み、挑戦には多くの人が感動していました。会場にも工夫が凝らされ、1階席の前方には、椅子ではなく座布団に座る「平場席」（昔の芝居小屋風）が設けられています。ひとつの舞台をつくり上げ、感動をつくることは企業経営者にとっても大変勉強になりました。

ほんとうに斬新で、一度でもご覧になったことがある方は、すぐにファンになってしまうほどの魅力が勘三郎さんから溢れ出ているのがわかりました。「古典を守っていくことも大事ですし、それは風化していくものではありません。しかし、それは現代のものとは言い切れない」とお話しされていたことも日々挑戦の勘三郎さんの姿勢なのだと実感しました。

自宅でのインタビュー

そういったご縁で、「スクウェア21」の表紙になっていただくことになり、表紙は歌舞伎座で撮影させていただきましたが、カバーストーリーである対談は、勘三郎さんが毎年5月に行かれるご自宅のあるアメリカのアリゾナで親しい仲間の方々と一緒にさせていただきました。そこは中村勘三郎の世界ではなく、波野哲明さんの世界で、一緒にゴルフをしたり、食事をしたりと楽しく仲間と打ち解けた空間での取材で、大変貴重なお話や経験をさせていただいたのです。

対談の中でのお話でいちばん印象に残っていることは、やはり、十七代目ご尊父のお話です。大変厳しい方で、2歳のころからお稽古を始めた勘三郎さんは、一度もほめられたことがないとおっしゃっていました。

しかし、病床にあるご尊父から病室の酸素テントの中で、「東海道四谷怪談」を教わり、最期に「よかったぞ」と言ってもらえたことをお話ししてくださったときには、ほんとうに厳しい世界なのだとあらためて実感し印象深かったです。

厳しい世界にありながら、どこまでも自分自身と戦っていかれる勘三郎さんの姿は、企業人としても見習う点であります。

十八代目　中村勘三郎、襲名のとき

また、長く勘三郎さんと親しくさせていただいたなかで、いちばん驚いたことは、十八代目中村勘三郎の襲名が決まったときのことでした。

勘三郎さんは、わたしの留守中にわざわざ紋付はかま姿で、会社までお越しくださり、大変うれしく思いました。そのように気を遣ってくださったり、ホテルオークラ東京での襲名パーティーに誘ってくださったり、ほんとうによくしていただき感激しました。

毎年2回ほどおこなっている全経連のチャリティゴルフにも、スケジュールが合えば快くご参加くださり、楽しくプレーをご一緒させていただきました。周りの方々にもお気遣いいただいて、私自身も見習うべき点がたくさんあり、勉強させていただきました。

中村勘三郎さんの夢のひとつが、浅草に江戸時代の芝居小屋「中村座」を再興させることがありました。その仮設劇場「平成中村座」では、２０００年11月に歌舞伎「隅田川続俤法界坊」を上演したのが始まりでした。その「法界坊」という演目のなかで、くわでドクロを掘り起こしていると、人がやって来たので慌てて、そのドクロを埋めようとしているシーンがありますが、勘三郎さんはそのくわをパター、ドクロをゴルフボールに見立ててパットをしながら、「谷口さんに勝ちたいな」などとアドリブを入れて、客席にいるわたしを楽しませてくれるユーモアもお持ちで、楽屋におじゃました際にもさまざまなお話をしてくださいました。何度でもまた見に行きたいと思わせてくれる舞台を、つくり上げていらっしゃる。そしてつねに新しいことに挑戦する勘三郎さんは、私たち企業人と同じスピリットを見せてくれました。

そして、「歌舞伎というのは元来、民衆から生まれたものですから、民衆が面白いと言って認めてくださる要素がないといけない」というお話から、それはまさに、サービスを提供する側、される側と同様だと教えていただきました。勘三郎さんの舞台には情熱があり、周りの人を新しいことに巻き込んでいくパワーを持っています。今の企業経営者になくてはならないものかもしれません。そして、その取り組みは日本だけには止まらず、海外にまで広がっていったのです。

少年のような心を持った方

あるとき、コクーン歌舞伎の舞台の関係者の方々と一緒のゴルフコンペに誘われて、プレーをしましたが、勘三郎さんははじめてハーフ（アウト36、イン43＝トータル79）でわたしに勝った、70台がはじめて出たと世界中の友人に連絡していらっしゃいました。そのお姿は、とても無邪気で、少年のようだったことをおぼえています。

活躍する世界は違いますが、物事に対する姿勢、パッションはいつもすばらしい方でした。

渡辺プロダクショングループ 代表／株式会社渡辺プロダクション 名誉会長

渡邊美佐さん

創業時からの友人

わたしが渡辺プロダクション名誉会長の渡邊美佐さんにはじめてお会いしたのは、今から35年以上も前のことでした。あまりにも共通の友人が多かったので、今、思えばいつの間にか親しくなっていたと記憶しています。わたしも今よりも若かったですし、多くの会を主催したり、パーティーに招待されたりと人脈がどんどん広がっていく時期でした。そんなとき、美佐さんとはパーティーでご一緒したことがきっかけで親しくなりました。

若い方はご存じないかもしれませんが、その昔、渡辺プロダクションがショービジネスの世界を牽引していました。子どものころにわたしもご多分にもれず、「シャボン玉ホリデー」などを見ていた世代です。

ショービジネスのリーダー的存在

美佐さんは1955年、渡辺晋前社長とともに渡辺プロダクションを設立され、テレビ創世期の『シャボン玉ホリデー』や1958年の日劇ウエスタンカーニバルなどを手がけ、「マダム・ロカビリー」との異名をとったほどの方で、戦後のショービジネスの女性リーダー的な存在だったのです。そして、現在では10社1団体という大きな組織にまで成長させた経営者なのです。

現在、数多くの芸能プロダクションが乱立し成功している背景には、渡辺プロダクションの功績がとても大きいのです。晋さんと美佐さんがショービジネスの世界を合理化し、さらに近代化して、日本の音楽やミュージシャンを国際的に評価されるレベルにアップさせていったのです。晋さんが亡くなったあと、美佐さんが引き継いで芸能界を束ねてきました。

そして、長女の渡辺ミキさんは、ワタナベエンターテインメント社長、渡辺プロダクション会長。次女の渡邊万由美さんはトップコート社長、渡辺プロダクション社長。ご家族皆さんがそれぞれ経営者としての手腕を発揮されているのは、晋さんと美佐さんのDNAなのだなと感じています。

友人の多くは渡辺プロ出身

じつはわたしの古くからの友人は、渡辺プロダクション出身の方が多いのです。坂本九さん、日野皓正さん、マリーンさんなど挙げればきりがありません。それもそのはず、昔は音楽系のプロダクションは渡辺プロダクションしか存在しなかったからです。

そういった方々と親しくなりながら、芳村真理さん夫妻、柏木由紀子さんを始めとする数多くの共通の友人たちと、よくハワイにご一緒してゴルフをプレーしたり、

「スクウェア21」の表紙を飾ってくださった日本人オーナーシェフ・松久信幸さんのレストランNOBU HONOLULUにディナーを食べに行ったり、当時わたしが親しくしていた総領事の公邸で食事会を開催したりと楽しい時間を過ごしたことも大切な思い出です。美佐さんがいらっしゃると周りにぱっと華やいだ雰囲気がつくられ、とても明るくなるのです。それでいて謙虚な方ですので、そういったところに大きな魅力を感じます。

ハワイでの思い出

ハワイでのいちばんの思い出に、大宅映子さんと美佐さんと三人でヤナセカップのゴルフコンペにチームで参加したときのことがあります。優勝すると大きな将棋の駒の盾を獲得するのです。

優勝が王将で準優勝が金、三位が銀だったのですが、美佐さんはそれまでにも何回か出場されており、すでに金と銀をお持ちで今度は、「ぜひ王将が欲しい、今日は優勝しましょう」とおっしゃり、私たちはほんとうに優勝してしまったのです。運を引き寄せることが上手な方だな、と大変驚いたことをおぼえています。

幅広い分野のネットワーク

美佐さんご自身にも1993年には「スクウェア21」の巻頭対談にご登場いただいたことも記憶しております。しかし、まだその当時は表紙をお写真で飾っていなかったので、残念ながら当時の美佐さんのお姿を表紙でご覧いただくことができません。

また、ご縁をいただだいたなかで作曲家の阿久悠さんをご紹介いただいたときには、前身の会社の社歌をつくってくださったり、植木等さんにセミナーでご講演していただいたりとほんとうにご尽力していただいたのです。

また、当時エイベックスの依田巽会長兼社長や、フジテレビジョンの日枝久代表取締役会長など、業界トップの経済人とのご縁をつないでくださり、お二人とも「スクウェア21」の表紙を飾ってくださっています。

美佐さんは女性経営者としてもエンターテインメントの世界だけにとどまらず、スポーツ界、政界財界など幅広い分野でのネットワークをお持ちで、わたしは美佐さんのおかげでほんとうの芸術文化に接することができましたし、人間の幅をさらに広げることができたことにとても感謝しています。

イギリス出身のテノール・ポップス歌手、ラッセル・ワトソンさんのコンサートの際には、わたしの顧問先からのご招待を快く受けてくださり、その後、ご一緒にイタリアン・レストランで美味しいお食事をいただきながら、昔話で盛り上がったことも楽しい思い出です。

美佐さんは、２０１２年の11月には、長年にわたり音楽出版ビジネスの振興、著作権思想の普及、著作権保護制度の充実に努め、音楽産業の健全な発展と日本の文化の振興に寄与した功績により「藍綬褒章」を受章されています。

若い人を育てていく手腕も、経営者としてとても見習う点が多い方です。いつまでも明るくお元気な美佐さんと一緒に日本のエンターテインメントをさらに盛り上げていくお手伝いをさせていただきたいと思っています。

法眼健作氏

元国際連合事務次長／本田技研工業 社外取締役

家族ぐるみのお付き合い

35年前知人の紹介で、日本でお会いしたのがきっかけでお付き合いが始まりました。法眼さんがホノルル総領事になられたとき、全経連700人でハワイに社員旅行をした際、ワイキキビーチのクリーンアップ活動をしました。そのときにも、とてもお世話になりました。法眼さんが総領事の3年間、わたしがハワイに行ったときには一緒にゴルフをしたり、日本の経済界の方などを紹介して領事館公邸で食事をしたりしました。それ以来のご縁で、法眼さんの二人の娘さんには、全経連でお仕事を手伝っていただき家族ぐるみのお付き合いとなりました。法眼さんは古くからの「友人」と呼べる大切な方です。

話術のすばらしさ！

１９９３年、ホノルル総領事のときに、「スクウェア21」で「アメリカとの上手な付き合い方」について対談させていただきました。日米の貿易摩擦の問題や解決策、アメリカ人と日本人は見た目や生活習慣は違えど、人間の中身（人間性）がよく似ているということなどをお話しされました。

そして、外交官をめざした理由のひとつとして「世界のいろいろな美味しいものを食べられるから！」といかにもユーモア溢れる法眼さんらしいお答えでした。

２０１１年に寺子屋昼食会で「激変する世界情勢と日本の未来」をテーマに、また翌年1月、伝説の朝食会で「国連での組織運営と経営について」をテーマにお話しいただきました。国連事務次長時の運営の成功例や失敗談、各国の人事配置等、興味深いお話で参加者の方にご好評をいただきました。

法眼さんは、いつも聞き手を飽きさせない話術をもっていらっしゃいます。東大法学部・ケンブリッジ大学を卒業し、ボストン総領事、ホノルル総領事、中近東アフリカ局長、そして国際連合事務次長にまで上り詰めた輝かしい経歴からわかるように、頭脳明晰なことは言うまでもありません。

さらに法眼さんのお父様は、ソ連外交や米中の国交維持に力を注がれ大きな足跡を残された、元外務事務次官の法眼晋作さんであり、お兄様も外交官の法眼俊作さんと外交官一家です。お父様が外交官であったため、まだ日本が戦後の復興期だった子どものころ、ロサンゼルスでの公邸生活を経験されたこと、歴代総理に関わる話題や外交最前線の豊かな経験と、溢れるほどの広く深い知識が講演の聞き手を飽きさせません。そして、キレのよいトークとユーモアを忘れないところが魅力なのだと思います。

明治大学で客員教授を務められ、国際日本学部の「平和学」も担当されていました。法眼さんの講義を聞ける生徒は、なんと恵まれた環境にいたのだろうと思います。

なんでも博士！の法眼さん

先にも述べたように知識豊富で博士のような方ですが、なかでも野球とオペラに関しては並外れた知識をお持ちです。アメリカの大リーグも歴史から選手までとことん詳しい！　だから、法眼さんが大リーグ中継をしたら面白いだろうと思います。総領事をされていたころ、海部元総理の始球式をセットアップされたのが法眼さんだとうかがいました。野球への愛情は物凄い方です。

そして、オペラは雑誌「音楽の友」で取材をうけるほどのオペラ通です。最初の音楽の接点は、小学生のとき、ロサンゼルスでのルービンシュタインのコンサートであり、オペラをはじめて観たのはドイツ・ベルリンにいた高校生のときだそうです。ベルリンでの体験からオペラに魅了され、お父様の赴任先がオーストリアのころはウィーン国立歌劇場、そして国連事務次長のころは、ニューヨークのメトロポリタン歌劇場と本場のオペラ劇場に足しげく通っていたそうです。法眼さんの外交官への志望動

寝る前１分の壁立ちで一生歩ける！

山本江示子／著、山本慎吾／監修

なぜ壁に沿って立つだけで健康になるのか？ 自己治癒力を最大限に高める力学的アプローチ方法、不思議なメカニズムを医学的にやさしく解説します。

◆対象：体の衰えに悩んでいる人、姿勢を改善したい人

ISBN978-4-86643-038-6　B6 変形判・並製本・280 頁　本体 1,350 円＋税

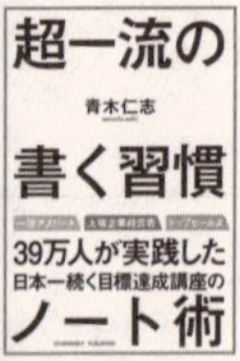

超一流の書く習慣

青木仁志／著

日本一続く目標達成講座の
科学的に実証されたノート術

◆対象：仕事・人間関係・時間・お金の使い方を変えたい人、行動を変えたい人

ISBN978-4-86643-042-3　四六判・並製本・320 頁　本体 1,400 円＋税

弱さに一瞬で打ち勝つ無敵の言葉
超訳ベンジャミン・フランクリン文庫版

青木仁志／編著

世界最古の名言集 待望の文庫化！ ベンジャミン・フランクリンが 200 年前に遺し、アメリカ国民に読み継がれている、明快で深い洞察に富んだ 123 の教訓。

◆対象：成功者の思想を知りたい人、フランクリンの教えを学びたい人

ISBN978-4-86643-045-4　文庫版・並製本・308 頁　本体 650 円＋税

勝間式超コントロール思考

勝間和代／著

経済と効率化のスペシャリストが提唱する、人生を最適化する究極の思考法。超コントロール思考を適用すれば「仕事時間が１日４時間になる」「一生お金に困らなくなる」「人間関係の悩みから自由になる」！ 爽快な生き方をスタートするための一冊。

◆対象：生活・仕事をもっと効率化したい人

ISBN978-4-86643-043-0　四六判・並製本・280 頁　本体 1,200 円＋税

人生 100 年時代の稼ぎ方

勝間和代、久保明彦、和田裕美／著

人生 100 年時代の中で、力強く稼ぎ続けるために必要な知識と概念、思考について、３人の稼ぐプロフェッショナルが語る一冊。お金と仕事の不安から無縁になる、時代に負けずに稼ぎ続けるための人生戦略がわかります。

◆対象：仕事・お金・老後に不安がある人、よりよい働き方を模索する人

ISBN978-4-86643-050-8　四六判・並製本・204 頁　本体 1,350 円＋税

グラッサー博士の選択理論　**全米ベストセラー！**

～幸せな人間関係を築くために～

ウイリアム・グラッサー／著
柿谷正期／訳

「すべての感情と行動は自らが選び取っている！」
人間関係のメカニズムを解明し、上質な人生を築くためのナビゲーター。

◆対象：良質な人間関係を構築し、人生を前向きに生きていきたい人

ISBN978-4-902222-03-6　四六判・上製本・578 頁　本体 3,800 円＋税

機は、先に述べた「美食めぐり」と「オペラ鑑賞」が大きな理由だというから驚きです。

「勇敢な婦人―細川ガラシャ」のバロック・オペラや、竹下景子さんが出演された「あとは野となれ山となれ」の舞台を一緒に楽しみました。法眼さんが、歴史に詳しいのはオペラや演劇に昔から親しんでおられたからでしょう。法眼さんは、オペラは総合芸術と言うより総合文化だとおっしゃいます。

仕事でもプライベートでもどうしようか悩んだときに、頭に浮かぶのは、若いころにお母様に言われた言葉だそうです。それは「人が勧めてくれることをやるといいよ」だそうで、年をとるにつれてこの言葉の大切さが身に染みてわかってきた、自分自身を型にはめずにやってきたことが、結果自分のためになっていたんだとおっしゃっています。

まったくそのとおりで、自分には合っていないと思ってやったところにチャンスが転がっていたりするものです。

法眼さんのように、趣味を追求されることはわたしにも共通するところがあり、若い経営者にも常々話します。仕事だけの人生ではなく、多くの趣味を持つことで人脈が広がり思いがけないチャンスに巡り会えるということです。

第3章まとめ

本物の人脈にVIPはいない

パーティーや講演会に顔を出して、人とのお付き合いが増えていくといろいろなお誘いがあります。誘いを受けたら興味がないイベントでも乗ってみる。その日を楽しめるかどうかは自分の努力しだいだからです。

日程が重なるときには、「誰が誘ってくれたイベントか」「主催は誰か」「参加者は誰か」を考えます。たとえば島田先生からのお誘いはできるかぎり断らないようにしています。

もし同じくらい魅力的なイベントであれば、できるだけ新しい出会いがあるものを選びましょう。わたしは友人の結婚式でも、顔の広い先輩にさまざまな人を紹介してもらっていました。

人脈づくりは友だちづくりです。営業活動とは異なります。よくＶＩＰの人にだけ長文のお礼メールを送ったり、お手紙を出す人がいます。わたしは名刺交換をしたすべての方にお手紙を出します。そのなかで一人でも親しくなった人がいれば、食事やお茶の機会を積極的につくろうとしたり、誕生日や家族構成を知ったら、プレゼントや贈り物をしたりします。

本物の人脈にＶＩＰは存在しないのです。一流の方々と親しくなれる人は、どんな人でも分け隔てなく愛せる人なのです。だから多くの人から愛されます。損得勘定で付き合っていれば、どんなに出会う回数を重ねても相手との距離は縮まりません。

親しき仲にも礼儀ありですが、一流の人ほど気兼ねなく付き合える関係を求めています。親しくなるためには、公の場ではなく、プライベートな関係で付き合えるようにならなければなりません。

贈り物、とくに誕生日プレゼントは相手との距離を縮める絶好の機会です。いくつになっても誕生日を祝わってもらうのはうれしいもの。先日も王貞治さんに黒木国昭さんのガラス工芸品をお贈りしたら「誕生日のプレゼント、毎年毎年ありがとう」とお礼の電話をいただきました。プレゼントそのものより「誕生日をおぼえていてくれた」という心配りに喜びを感じるのでしょう。

プレゼントとして多いのは、先に述べた黒木国昭さんのガラス工芸品、わたしはニコライバーグマンのフラワーボックス、相手が好きな音楽のコンサートチケットなどを贈ります。お花は年間１００束以上、配偶者やお子様にも贈っています。

「今度息子が結婚することになりまして……」

「新婚旅行はどちらへ行かれますか？　ハワイですか」

こうして旅行会社に連絡をして、滞在予定のホテルにメッセージ付きで果物の差し入れをすることもあります。

これは、わたしが先輩にしていただいて、とても感動した経験から真似しています。新婚当時、お金がないので朝食はＡＢＣストアで買ってきたパンを部屋に持ち帰ると、テーブルに大きなフルーツ盛りがあって、心から感謝の気持ちが溢れてきました。

相手と友人になれたかどうかを知る基準があるとすれば、遊びに誘ってもらえるか否かでしょう。勉強会やセミナーばかりでご一緒していてもなかなか距離が縮まりません。ゴルフや旅行といった仕事を離れたイベントは友人感覚になりやすいです。

誘われ事が自分の苦手分野であることもあります。それでもわたしは足を運んでみます。親しくなったら、次は自分の得意分野にお誘いします。

よくわからなくても「少しは賢くなれるかな」程度でいいんです。ミケランジェロについて詳しく語れなくても「先日のミケランジェロ展には行きました。すごい迫力でした」と、話題に乗れることが大切なのです。体験は自信になります。

相手の興味のある話題に共感できると、距離が縮まります。「また会いたい！」と思われる人になる秘訣として会話力は非常に大きいと感じます。

知識としての雑学もよいのですが、実体験からくる話題がいちばん盛り上がります。全経連でも歌舞伎、オペラ、能、狂言、落語といったさまざまな分野で観劇イベントを企画しています。

コミュニティが企画するオフ会や視察旅行などには、ビジネスとは関係がなくても喜んで顔を出すべきです。人数は少なければ少ないほど親密になれます。同じ仲間ですから、臆せずどんどん輪に入っていきましょう。そのときには相手の興味・関心があることを話題にしましょう。

わたしはコミュニティの仲間と旅行へ行くときには、オーパス・ワンなど評判のものを差し入れとして持っていきます。その土地でお土産を購入し、またお世話になった方へお配りする。こうすると、人の輪がどんどん広がっていきます。

お金をかけなくても気配りとしての贈り物を日常的にしたほうが相手の心に響きます。わたしは海外出張へ行くと、スーツケースいっぱいにお土産を買ってきます。

よく高級料亭や高級クラブで接待し、一晩で何十万円も使っておもてなしをする経営者もいます。わたしも同じことをしていた時期もありますが、高級店だから、お酒が入るから関係が濃くなるわけではないことに気づきました。

今では、会食の席でも「車で来ていますから」と、ほとんどお酒抜きでお付き合いしています。相手が飲まれていたら、ご自宅まで運転手を買って出ることもあります。これは海外の一流人から学びました。クリント・イーストウッドもアンディ・ウイリアムスもゴルフや食事の帰りに自家用車で送り届けてくれました。帰路でも話ができますし、仲も深まります。

「これだけの接待をしたのだから」と、見返りを期待すれば、その下心は相手に必ず見抜かれます。お礼のメールや電話がなくても、ほんとうに相手の心を満たせたのであれば、「それで終わり」にはなりませんし、心ある人は必ず「先日はご馳走になったので、今度はわたしが……」とおっしゃいます。

野田一夫会長もゴルフでわたしが運転手をすると、「昼食代は払うから」「今度はおれの運転で行こう」と、こちらが恐縮するほど、何かしらのお返しをしようとしてくださいます。

長年人脈づくりをしてきて、どんな人でもこちらが徹底的に誠意を示せば、心を開いていただけるものだとわかりました。接待をしてもなかなか人脈が広がらないという人は、うまく相手と心を通わせることができていないのかもしれません。過度な接待をしなくても、仲を深めることはできます。

第4章

人脈によって高められるのは自分

シダックス株式会社 取締役最高顧問

志太勤氏

NBCでの出会い

給食サービスを始めとするレストランカラオケ「シダックス」の創始者である、シダックスの志太勤さんとの最初の出会いは、1985年、「日本成長企業経営者会議」と「素心会」が統合して、NBCが創設され、全経連野田一夫会長が初代理事長に就任されたときのことでした。

NBCは企業と企業を支援する諸団体や諸機関との商談や情報交換の場として、公益事業を企画・運営する会で、若手の起業家や志を高く持ったベンチャー企業経営者など、これからの日本経済を背負って立つ方々が多く集まっていました。

わたしも野田会長に誘われＮＢＣのメンバーとなり、会合やイベントなどに参加し、そこで志太さんとよく顔を合わせるようになりました。

その当時の志太さんは、一般的なカラオケを地域に貢献できるレストランカラオケにグレードを上げ全国に広め、さらには株式上場をめざすほどの勢いのある方でした。私たちには共通点や共通の友人も多く、そのひとつに志太さんとわたしは子どものころ、野球少年だったということもありすっかり意気投合したのです。

志の熱い方

ＮＢＣでお会いした当時の志太さんは、夢や志をつねに高く持っておられ、熱い思いを胸に、将来のことを語っていました。

わたしは今でも新宿にシダックスの大型店舗がオープンした際のことはよくおぼえています。これまでのカラオケのイメージをまったく変えたのです。全国に１０００件の店舗をつくるという目標を持ち、単なるカラオケを自分の得意分野のレストランとコラボレーションし、地域に貢献できるお店として全国展開していったのです。まさに夢を実現されたのです。わたしはそんな志太さんにはいつも驚かされています。

中伊豆のワイナリー

そして、志太さんは伊豆の修善寺の壮大な山の中にワイナリーをつくられたのです。日本ではなかなかつくるのが難しいワインですが、「カリフォルニアワインに負けないワインをつくるんだ」と。そのときにも志太さんの壮大な夢を実現され、見せていただきました。今では賞を獲得するほどのワインをつくられ、わたしも何度もワイナリーにご招待いただいています。

また、カリフォルニアワインの父と呼ばれるロバート・モンダヴィとの提携の苦労話などをうかがったときも、志太さんのワインに賭ける情熱がひしひしと伝わってきました。難しいと言われることに果敢に挑戦していく志太さんのお姿はほんとうにすばらしいと感じています。

ワインコレクションも評判で、日本でも有名になった「オーパス・ワン」なども数多くコレクションされ、海外の要人が来日した際にも惜しみなく提供されておられたという話を耳にしたこともあります。

野球少年の夢

志太さんはわたしとの共通点のひとつ、野球でも大きな夢を実現されています。少年のころの夢をずっと持ち続けて、90年代にはシダックス野球部を設立し、日本野球連盟の社会人野球チームとして活動を始められました。静岡県伊豆市に自社グラウンド「志太スタジアム」を持ち、都市対抗野球にも出場するチームとして志太勤さん自らが総監督を務めたこともあったのです。

元プロ選手など強力な戦力補強をし続け、瞬く間に強豪チームになって、2002年秋には、プロ野球の南海ホークス（現福岡ソフトバンクホークス）、ヤクルトスワローズ、阪神タイガースの監督を務めた野村克也さんがGM兼監督に就任したことも話題になっていました。シダックスのキャップをかぶって、東京ドームへ応援に行ったことも懐かしい思い出です。

変革する勇気

順調に事業を展開されていかれた志太さんは、２０００年にはＮＢＣ会長として、「21世紀型社会への改革」を提案、２００３年9月に「21世紀の風運動」の会を発足しました。当時、わたしも常務理事として一緒に日本経済の発展に務めてきました。

ＮＢＣのなかでもそうですし、志太さんとの活動を通して、わたしは企業内、一般社会などでも勇気を持って新しく変革するということを学びました。

また中小・ベンチャー経営者に「情報」が不足していることを危惧し、２００５年10月には「ｅ‐連携フォーラム」を設立され、その際には「スクウェア21」の巻頭対談にも出ていただき、熱い思いを語っていただきました。

地域密着の社会活動

地域密着の社会活動のひとつとして、深大寺の薪能にも尽力されて、わたしも毎年

5月におうかがいしています。現在、事業は息子さんに譲られ、ご自身は社会貢献活動を中心にさまざまな取り組みをされています。そのお姿を間近で拝見させていただけることに大変感謝しています。

ですから、わたしは若い経営者の方には必ず志太さんをご紹介しています。一度お会いした方には、「何かしてあげたい」というお気持ちをいつも持っておられる方です。

ご自身が事業や夢に対して情熱を持っておられるので、若い経営者の方から多くの支持を集め、また、志太さんご自身も若い経営者への気遣いやご理解もあり、これからの日本を背負って立つ経営者にとっても大変見習うべき点が多いのです。

そして志太さんは、現在の日本のさまざまな問題に対して不安を感じ、2011年6月には「希望あふれる日本へ・TSO投票者」の会を発足し社会活動をスタートさせました。わたしも志太さんとご一緒に日本のために尽力したいと考えております。

西武ライオンズ元監督 野球解説者

森祇晶氏

同じ岐阜県出身で意気投合

西武ライオンズ元監督の森祇晶さんは同郷ということで今から37年ほど前に出会い、意気投合し、それ以来公私にわたり親しくさせていただいています。

森さんは読売ジャイアンツ（巨人）の現役時代、洞察力が鋭く、頭脳明晰であり、さらには野球に対してとても研究熱心であり、その当時のプロ野球界のキャッチャーの中でも群を抜いて優れていた選手でした。それにすばらしい記憶力の持ち主でもあったのです。

巨人軍のV９時代の正捕手として活躍され、「V９の頭脳」と呼ばれていました。

わたしも野球少年だったので、森さんの活躍はとても印象に残っています。

現役引退後はヤクルト、西武、横浜のコーチ、監督を歴任され、西武ライオンズ監督時代には在任9年間でチームを8度のリーグ優勝、6度の日本一に導くなどの西武ライオンズ黄金時代を築いた功労者だったのです。

そんな森さんとは、わたしども全経連が全国各地でセミナーを開催しているころ、ご多忙中にもかかわらず、セミナーでご講演いただいたり、1994年には「スクウェア21」の巻頭対談にも快く応じてくださったりしたご縁で、今日まで仲良くさせていただいています。

チームを引っ張っていかれる指導者として、ビジネスの世界でも通じるリーダーシップ論など多くを学ばせていただきました。

「当たり前のことを当たり前にやる野球」をモットーとして、チームプレーを重んじて、防御を主体とした走塁やバントの多用化といった基礎を丁寧に積み重ねる緻密な野球を展開し、その戦略はまさにビジネスの世界と同じようだとわたしも感じていたのです。

プライベートなお付き合いも

これは裏話になりますが、わたしは森さんに巨人軍監督のオファーがあったときや清原和博さんが西武から巨人に移籍する際の背番号についてなど、なぜかさまざまなポイントで、お手伝いさせていただいたのです。

またわたしのプライベートな転機においても森さんの適切なアドバイスで乗り切れたこともあり、今でも大変感謝しています。そのとき、ほんとうにその決断力のすばらしさを目の当たりにしたのをおぼえています。

また、わたしと森さんには共通の友人がとても多く、歌手の谷村新司さん、歌舞伎界の十五代目片岡仁左衛門さんなどと一緒に楽しい時間を過ごした思い出も数多くあります。

また、シーズンオフの西武ライオンズのハワイのマウイでのキャンプや、高知県春野のキャンプにもよくうかがっており、春野のキャンプのときにはこのようなエピソードがあります。

わたしは森さんのご好意でグランドでキャンプを見学していたときのことです。わたしが高校野球をやっていたことをご存じだったコーチの伊原春樹さんが「キャッチャーフライを取ってみますか」と声をかけてくださったのです。プロの打ったボールをわたしなどが取れるはずがないのですが、ものは試し、ということで挑戦してみることにしたのです。そして、そのときに森さんに「もし、キャッチャーフライが取れたら夕食に招待」と約束していただきました。

そうなると勝負運の強いわたしのことですから、見事にボールをキャッチすることができたのです。自分でも大変驚きましたが、森さんに高知の郷土料理をご馳走になったというわけです。

そのときはじめて「徳谷トマト」という高知の有名なデザートのようなブランドトマトに出合いました。旬の魚の刺身やデザートのようなトマトなどを、そのときはいただきました。また、横浜の監督をされていたときにうかがった沖縄キャンプでは、へび料理など珍しい郷土料理をふるまっていただきました。わたしの食の世界が広がったのも森さんのおかげです。

リーダーシップ論

森さんには「プロとはどういうものか」ということ、また、「いったいどのようにすれば西武ライオンズのような常勝軍団をつくれるのか」「リーダーシップとは？」ということを勉強させていただいたのです。

「負け試合も当然ある、しかし、負けたとしても次の試合につながる試合をする」「損して得取れ」「個々の実力や個性を伸ばす、のびのび自由にやらせる。指揮官はジタバタせずにどっしりと構える」など、そういったこともわたしが組織で活動する際に、大変役に立ったのです。

ハワイでゴルフを

現在は奥様とハワイ在住で、そのきっかけとなった出来事があったときにもわたしはご一緒だったのです。森さんはとても慎重な方ですが、わたしとハワイで過ごしているときに「将来ハワイに住もう」と決心され、現在は悠々自適のハワイライフを楽しんでおられます。なんだかいつも不思議なご縁を感じています。

ハワイでは森さんの奥様の手料理をいただくことも多く、よく、ゴルフトーナメントの最終日の前日には、とんかつとステーキをご馳走になりエールを送ってくださいました。

監督とわたしは岐阜県出身なので郷里の味のみそかつソースでふるまっていただくなど、とてもお気遣いいただきました。また、先祖供養や仏教にも造詣が深く、奥様の影響でわたしもお世話になった方々へのお墓参りは欠かしません。勝負師として、大切なこと、大事なことをいろいろ実行されてきていらっしゃる森さん。見習う点がほんとうに数多くあります。

盛田昭夫さんがいつもおっしゃっていた、「一生懸命働いて、一生懸命遊ぶ」ことを実践されている方です。名球会の王さんや長嶋さんとはまた、違ったタイプの人格者で、地道なキャッチャーで派手さはなくても光が当たる方なのです。

だからこそ多くの方々から信頼され、それがさまざまなネットワークにつながっていらっしゃるのです。そして、わたしの周りの若手経営者にも惜しみない多くのご協力をいただき、わたしはたくさんのご縁に感謝しています。

やはり、偉業を成し遂げた方からは大変学ぶことが多く、それらをぜひ、多くの若手経営者の方々にもお伝えしていきたいと考えています。

ジャズ・トランペット奏者

日野皓正氏

世界が認めるジャズ・トランペッター

日野皓正さんは誰もがご存じの世界的に有名なジャズ・トランペット奏者です。その日野さんとの出会いは26年ほど前だと記憶しています。わたしはジャズヴォーカルで人気のマリーンさんと親しくしており、日野さんがマリーンさんと同じ所属事務所にいらしたことからマリーンさんを介してご紹介いただいたのです。

日野さんは2004年に芸術やスポーツの分野で功績のあった方々に贈られる、紫綬褒章を受章されています。わたしは日野さんよりも年下ですが、彼はとても若々しくしかも気さくで、すぐに意気投合したことをおぼえています。

その当時、私自身あまりジャズに親しんでいなかったのですが、親しくなった日野さんのライブに通うようになり、ジャズや日野さんのトランペットに魅了されていきました。

日野さんは、9歳からトランペットを学んだそうですが、それはトランペッターであったお父様の影響が強かったそうです。わたしはトランペットひとつ持って一人で世界に出て行き、成功されたパイオニアとして、すばらしいスピリットの持ち主だと尊敬しています。

社会貢献の志

そして、日野さんとの大きな共通点といえば、細川佳代子さんが名誉会長を務めるSOのサポーターとしてお互い協力していることです。日野さんは海外での生活が長く、立場のある人がチャリティをおこなうことに関しては海外では当たり前のことです。わたしも同様に感じているので、日野さんの社会貢献活動に関してはほんとうに共感できます。

日本の企業経営者の方々の中には最近、社会貢献を積極的におこなう方も増えてきていますが、２００４年の横浜でのチャリティライブもそうですが、「２０１０年第５回スペシャルオリンピックス日本夏季ナショナルゲーム・大阪」のチャリティディナーショーでは、大阪のリーガロイヤルホテルにおいて、６００人ものお客様をお迎えし、上方落語協会会長だった桂三枝さん（現六代目桂文枝）との「ジャズと落語のコラボレート」を開催されるなど、ファンドレイジング等にとても尽力されています。ほんとうに見習う点が多い方です。

とても親しみやすい方で、ライブ当日にお誕生日を迎えた方に即興で「ハッピーバースデイ」のプレゼントをするなど、周りを喜ばせることが大好きで、いつも場を盛り上げることをスマートにできる方なのです。

ディナーショーのあと、わたし同様お酒も嗜まない日野さんですが、疲れた顔もせずに夜遅くまで関係者の方々に付き合っていらした姿は、とても印象に残っています。そういった気遣いが自然にできる方です。

ザ・レジェンド・チャリティ　プロアマトーナメントの発起人

スポーツ万能である日野さんは、王貞治さんと青木功さんとご一緒にザ・レジェンド・チャリティプロアマトーナメントを主催し、東日本大震災で被災した子どもたちや支援団体へのチャリティ活動もおこなっています。わたしも何度か参加させていただいていますが、メンバーにはさまざまな分野のトップの方々が参加され、皆さんの人脈の広さに感嘆するばかりで、私自身もつねに積極的な活動を心がけています。

また、青木氏がジュニアゴルファー育成のためのジュニアファンデーションのチャリティゴルフコンペ開催の際にもご協力されているお姿を拝見しています。

わたしが会員を連れて日野さんのライブにうかがった際にも、ライブ後に楽屋にお誘いいただき、皆さんと一緒に写真を撮ってくださいました。会員たちもとても感激し、日野さんのお人柄に魅了されていました。ほんとうに多くの方々に喜びを与えてくれる、学ぶべき点が多い方です。

さらに芸術の分野では絵画も描かれ、年に一度個展も開催され、精力的な活動をおこなっている日野さんですが、全経連のチャリティゴルフコンペ、スクウェアカップのオークションにも絵を出品してくださり、つねに社会貢献を考えていらっしゃる方なのです。

以前対談した際に「自分がいただいたものは、皆さんにお返ししなくては」というお気持ちで、社会貢献活動をなさっているとのこと。

そのほか、父としても、息子さんとジョイントライブをおこなったり、新しいジャズの試みに挑戦されたり、つねに前向きな気持ちを持っていらっしゃり、いつも感動するステージを見せてくださいます。

魅力的なオーラを持っている

共通の趣味としてスキーやゴルフがありますが、日野さんはトランペットを演奏していますので背筋も強いですし、肺活量もあるので、とても豪快なゴルフをされています。いつでもどこでも輪を大切にされ、一緒にいる方々を和ませてくれるところも尊敬できる点です。

平成立志塾の塾生さんの依頼で、チャリテーイベントをお願いしたときにも快諾していただき、できることはなんでもするというお人柄が多くの方々に好感を持たれるゆえんなのでしょう。

一度会っただけで、誰でもファンになってしまうようなオーラをお持ちの不思議な方です。これまでさまざまなご苦労があったにもかかわらず、現在では世界も認めるトランペッターとしてご活躍されており、私たちはその精神に見習うべき点が数多くあります。ご自身の信念をしっかりお持ちで、しかも積極的に社会貢献に尽力されていらっしゃる点はほんとうにすばらしいことだと思います。

キッコーマン株式会社 取締役名誉会長 取締役会議長

茂木友三郎氏

魅力溢れる人格者

始めは野田会長からの紹介で、26年ほど前に講演をお願いしたのがきっかけでした。セミナーに何度か出ていただきました。そして、わたしの顧問先や全経連の会員を連れて行っても快く会ってくださります。「君のプラスになることか?」といつもおっしゃって受け入れてくださいます。中には、キッコーマンに売り込みたい人や営業もあるのに、そういうこともすべて受け入れてくださる、心の広い方だと思います。

茂木さんに会った人は、皆さん驚かれます。それは、あれだけの大企業のリーダーであるのに、とても謙虚で気軽になんでも教えてくださる心の広さをお持ちであり、とてもオーラのある方だからです。

日本の味〝しょうゆ〟を世界に広めたKIKKOMAN

現在ではしょうゆは世界100ヵ国以上で愛用され、アメリカ、ヨーロッパ、ロシアなどそれぞれの国の家庭で料理に使われています。茂木さんがアメリカ進出の立役者となったからなのです。

「お客様が欲しいものをつくることも大事ですが、まだお客様が気づいていない新しいニーズを企業が自らつくり出すことが必要です。経営者が需要をつくり出すことで日本経済がよくなるのです」

この言葉は、アメリカでの学生時代からの経験とその後の実績、柔軟な思考から生まれるものだと思います。

以前、千葉県野田市にあるキッコーマン食品野田工場を見学させていただきました。しょうゆはしょうゆ油としょうゆカスができます。その環境事業の提案をしようと思ってうかがったのですが、キッコーマンでは環境問題がクローズアップされる前から取り組んでおられました。

家畜飼料だったり、工場のボイラー燃料、名刺や封筒用の再生紙原料、養殖魚の飼料とそのときのニーズはもちろん、用途開発を研究する研究本部もありました。しょうゆをつくることで工場からゴミを出さない、大豆丸ごと全部使うというキッコーマンはすばらしい会社だと思います。

会うだけで楽しい！　学べる方

茂木さんには、会うたびにたくさんのことを学ばせていただいています。そして、とても楽しい方です。ＮＨＫのテレビドラマ「カーネーション」を見てから会社に行かれるほど、熱心な視聴者で、二人でドラマの話をするのがとても楽しいひとときでした。

また、野田会長のことを〝野田チャン〟と呼ぶ茂木さんは、「野田チャンはなあ～、昔5番アイアンで150ヤードを乗せたんだよ！　スゲーよな～」とゴルフ談義に花を咲かせたり、一緒にいるだけで楽しい気持ちになります。

とても印象に残っていることがあります。「カーネーション」のドラマがあった年の茂木さんの誕生日に、コシノジュンコさんがデザインした、柄が日本刀風になっている〝侍傘〟をプレゼントしたときに茂木さんは、「ゴルフのときに使いたい！　早く雨が降らないかなぁ」とおっしゃって、子どものように無邪気に傘を差して会長室をくるくると歩き回って喜んでくださいました。

相手がどのようにすれば喜んでもらえるかいつも考えるわたしは、茂木さんにこのプレゼントを差し上げたらどんなに喜ばれるだろうと想像しながら選びました。プレゼントしたわたしにとって、茂木さんの反応は心からうれしいものでした。このような素直な心をお持ちだから世界での成功や今日のキッコーマンがあるように思いました。

稲穂のように……

「実るほど頭を垂れる稲穂かな」という諺がありますが、茂木さんはまさにこの諺にぴったりの方です。そして、そのようにすることを行動で教えてくださっています。

また、茂木さんは何年も前から足腰を強くするために、ホテルニューオータニから帝国ホテル東京まで歩くなど、毎日30分以上6キロメートルのスピードで散歩をされているそうです。「リーダーというのは、健康でなくてはよい仕事はできない」と常々言われています。茂木さんは、病気もなくいつもお元気です。健康面でも見えない努力をされているのだと思いました。

また、社会貢献においても非常に理解のある方です。わたしが、ご紹介させていただいてから交流のあるコシノジュンコさんが、ブラジルのサンパウロのサンバチームからチームを立て直してほしいという要請でカーニバルに参加されたときも、茂木さんは海外事業部の方たちを紹介されるなど協力されていました。

わたしにとって、茂木さんのような方とのご縁があったことは、とても大きな宝だと思っています。そして、わたしが茂木さんから教えていただいたことを若い経営者の皆さんに伝えていかなければならないと思っています。

俳優 タレント

石田純一氏

石田さんの魅力

石田さんとの出会いは、チャリティゴルフコンペ「スクウェアカップ」でもご協力いただいている、恵比寿にある究極の焼肉「虎の穴」の辛オーナーからの紹介がきっかけでした。石田さんといえば、トレンディドラマで一世を風靡し、「素足に靴」「プレイボーイ」などの代名詞が挙がりますが、お会いした印象はとても腰が低く、目配り、気配り、心配りができる方でした。以降、全経連のチャリティゴルフコンペや30周年記念パーティーなど、事あるごとにお忙しい中時間を割いてくださる義理堅い方だと思います。

以前、株式会社ベストバイに石田さんを紹介し、イメージキャラクターを引き受けてくださったとき、社員と一緒に写真を撮るなど相手が求めることに快く応対されていました。全経連30周年パーティーに出席していただいた際にも、石田さんの周りには一緒に写真を撮りたい方の行列ができました。それでも、石田さんは「わたしにとって皆さんは同じように応じたいから誰が優先というのはないんです」とお話しされていました。ファンを大切にする優しさが石田さんらしいと思いました。

あれだけ有名な方でありながら、とても気さくで優しい方です。そこが、人気の理由のひとつではないでしょうか。

勉強熱心でまじめな方

石田さんは早稲田大学商学部出身でもあり、在学中から映画監督への夢を持ち、演劇を学ぶためにアメリカへの留学経験もあります。留学前は、ハリウッドに行くことを心に決めて英会話学校に通いＴＯＥＦＬの試験用の勉強をして、昼間は映画を観るという学生生活を過ごされ、年間４００本も観たそうです。

また、株式会社メロン　エグゼクティヴプロデューサーの肩書きもお持ちの石田さんは、今でもマーケティング論の勉強会に参加されるなど、向上心・探究心が旺盛な方です。

全経連の会員誌においてもインタビュアーとして3社との対談をお引き受けいただきました。いつも石田さんは、事前に熱心に勉強をされてからインタビューに臨みます。

伝説の朝食会の講師としてご登壇いただいた際は、これまで多くの志と魂の残骸を目にしてきたという広い人脈と豊富な知識力に、参加者は一般的なイメージとのギャップに驚きます。そして、講義の中でこのようなことも話されました。

サナギからのスタート！　SANAGIの頭文字、S＝スピーディー、A＝明るく、N＝逃げず、A＝あきらめず、G＝ごまかさず、I＝言い訳せず。

これはある会社の社長が幼虫から成虫に脱皮する時期にある会社へのメッセージだ

そうですが、石田さんご自身の姿でもあるように思いました。波瀾万丈な人生のなかで、どんなときもメディアに対し逃げも隠れもせず真摯に対応されていらっしゃるのは常日頃このようなことを心がけておられるからだと感じました。

また、素敵な言葉を教えていただきました。「笑顔のよい人は、教養をもっていて心にゆとりがあり、そして幸せの種をまき、勇気の一片を投じてくれる」。読書が趣味というだけあって、会話の引き出しが多い方だなと思います。

石田さんのいちばんの趣味は読書、毎朝読書の時間をつくって読むそうです。

二番目の趣味はゴルフ、石田さんとは、ハワイや日本でもよくご一緒させていただいています。とてもスマートなプレーをされる方で芸能界ではベストスリーに入るくらいのグッドプレイヤーです。いつも、同伴プレイヤーを楽しませる素敵なゴルファーです。

美食家の顔！　父親の顔！

グルメ番組の司会を務められることも多く、石田さんは美食家で有名です。日本各地の美味しいお店を知り尽くしています。いろいろなお店に〝石田スペシャル〟があり、ご一緒するとそのメニューでもてなしてくださいます。ハワイにも〝石田スペシャル〟が存在するのには驚きました。

ハワイで石田さんと理子さんがよく行かれる韓国家庭料理のお店があります。以前、石田さんとご一緒して黒い冷麺とプルコギのセットがとても美味しかったので、それ以来ハワイに行くといつもランチに食べに行きます。地元の人やハワイ通の日本人は皆さん利用される美味しいお店です。

また、理汰郎くんの出産内祝いでは長野の100％生ジュースをいただきました。相手のことを考え、自然で体によいものを贈る気遣いは見習いたいところです。

理汰郎くんと言えば、石田さんは積極的に育児をされていると聞きます。離乳食を食べさせたり、お風呂やおむつ替えなどなんでもされるそうです。理汰郎くんを授かるまではこんなにも子煩悩になるとは想像できなかったそうです。

石田さんは幸せが滲み出るほど、家族をとても大切にされています。

そして、将来は学生時代からの夢である映画監督の実現！　まだまだ夢の途中だと話される石田さんは素敵だと思います。

第4章まとめ

人脈づくりで磨かれるのは自分自身

かつてのわたしは著名人と出会うと、何を話せばいいのかわからず、心臓はバクバクと鳴り、汗をびっしょりかきながら、会話の内容もまともにおぼえていませんでした。私自身は特別な才能があるわけではありません。高校も野球部では補欠、大学受験も失敗しました。ただ、2軍でも3軍でも自分がいるフィールドではトップをめざして這い上がっていく。今、六大学の体育会の学生の採用支援をしている人材紹介会社の顧問を務めていますが、わたしは補欠を選んだほうがいいとアドバイスしています。

相手の目を見て、一言ご挨拶するだけでも自信になるのは確かです。わたしがそうであったように、大切なのは社会に出てからが勝負という気概を持っているかどうかです。

わたしはプロ野球選手になることもできませんでしたが、一流の人と知り合うことができました。1000人規模のイベントを開こうと思ったら、何十人もがボランティアで動いてくれるほど人の輪が広がりました。

最初から有名な人はいません。努力すれば誰でも人脈はつくれるのです。人脈づくりというと、いろいろな場所に顔を出して、ガツガツと開拓するイメージを持たれることもありますが、ご縁とご縁がつながっていくことがほんとうに楽しいのです。友人が増えればビジネスチャンスはいくらでもできます。ワクワクしながら会合にも毎回出席しています。

どう考えてもがむしゃらに努力した記憶はありません。成功したいなんて考える暇もなく、たまたま宝くじが当たったことで独立し、経営の勉強をしたわけでもありませんでしたが、みんなが仕事をしやすい環境をつくるのが社長の仕事だと教えていただき、朝一番に出社してお湯を沸かして、社員のためにお茶を出していました。外国では偉そうに「〇〇君なんて言わない。みんなミスターだよ」と教わって、学生以外は全員「さん」付けで呼んでいます。

大学生だったころに、ある社長さんから同郷のよしみで「頑張れよ」と食事をご馳走していただきました。それがとてもうれしくて、卒業を控えた母校の大学生二十数人と今も食事会を開いています。先輩に教えてもらったことを守っているだけなのです。

誰に対してもいい格好はしない。自分にできる範囲で喜んでもらえることをする。そういう心がけをもっていると「あいつはいい奴だから」と友だちになってくれるような気がするのです。

お金持ちになりたいとか、有名人になりたいなどということも思ったことは一度もありませんが、よき友であるために、人生チャレンジしていますし、先輩から教わったことは徹底して続けているのは事実です。

いろいろなところへ足を運んで先輩から「こうしたらいい」「ああしたらいい」と教わったことを「なるほど」と思って受け入れて真似してきました。

細川佳代子さんがSOの活動をされていたときに、チャリティ活動のすばらしさに感動し、チャリティゴルフコンペを60回以上続けています。また、震災があったときには東北も北海道も熊本にも訪れて、現地でボランティア活動をするようになりました。

チャリティは透明性が何よりも大切なので必ず事後報告をします。コンペには参加せず、協賛品のみの協力企業もありますが、写真を撮って、欠かさず報告することで毎年お会いしなくてもチャリティ活動に協力してくださるのです。

福岡県の南蔵院の住職・林覚乗さんが「心ゆたかに生きる」というテーマで講演されていたときに、「元旦には『今年いいことがありますように』と、皆が祈ります。大晦日に夕日に向かって、『1年間ありがとうございました』と言えるような心を持ちなさい」というお話をうかがって共感しました。

特定の宗教を信仰しているわけではありませんが、それ以来、毎日仏壇にはお花とお水を供えて感謝するようになりました。神棚には「今日も1日よいことがありますように」と祈ります。欠かしたことがありません。

物に関しても同様です。ゴルフのパターはスコッティ・キャメロンがわたしの名前を冠してプレゼントしてくれたものを愛用しています。22年物で一度も浮気していません。「トミー、ありがとう」と感謝しながら磨いて、大切に使っています（トミーはわたしの愛称です）。

行きつけの美容室でも新人の美容師にはこんな話をします。

「『ヨシオくん、今日もありがとう。明日もわたしのお客さんを頼むわね』って洗面台に名前をつけてごらん。そうすると掃除も全然つらくないよ」

物に名前をつけると愛着が湧いてきます。わたしはコーヒーを飲むにしてもコップに「美味しくしてくれてありがとう」と心の中で唱えます。

帰宅したら「頑張ってくれてありがとう」と靴に感謝をして磨きます。そして靴型を入れて、形が崩れないように休ませます。

かばんは仕事の相棒ですから、車のトランクに入れるときも一番上にして、窮屈な思いをさせないようにします。

トイレ掃除はもう30年近く前から日課になっています。自宅だけではなく外出先でも自分が使用した便器以外もトイレットペーパーにアルコール消毒液を付けてきれいに磨き上げます。

また毎朝のゴミ拾いも日課です。犬の散歩をしながら1時間から2時間、路上のゴミを拾い集めていくのです。誰も見ていなくても「いいことしたな」と前向きになって心がクリアになります。

すれ違う人には「おはようございます」と自分から挨拶をしていきます。最初は反応がなかった人も、何回か声をかけていくうちに、挨拶が返ってくるようになりました。そして、「今日もすばらしい出会いがあるんじゃないか」とワクワクしてきて自信になります。パーティーでも見知らぬ人に気後れせず、自然と話しかけられるようになります。

人生を成功させようと思ったら、すべての役に立たないものはまったくないと、72歳になった今、実感しています。すべてが種になる。それぞれ今やっていることを、なんでもいいから一生懸命やり続けること。少なくとも3年、5年と続けていけば形になっていくと思います。そのとき、自分は一流になれなくても、一流の人が味方してくれるのです。

第5章

人脈のある人ほど人を大切にする

元インドネシア大統領夫人

ラトナ・サリ・デヴィ・スカルノさん

デヴィ夫人との出会い

デヴィ夫人とはじめての出会いは、今から約30年前になります。大阪出張の際、東京本社から紹介のあったお客様と会食中のレストランに、ニューヨークのデヴィ夫人から国際電話がかかってきたのです。

「東京でチャリティパーティーを開きたいのでお手伝いいただけませんか」という内容のお電話でした。あまりに突然のことで、「ほんとうにデヴィ夫人ですか」とお尋ねしたことをおぼえています。何度も聞き直して、まったく面識のないわたしになぜ電話があったのかと不思議に思い、お尋ねしてしまいました。

すると、当時、全経連では毎年、世界的な著名な方々をお呼びして、トップマネジメントセミナーというシンポジウムを開催していました。１９９３年には国連環境計画（ＵＮＥＰ）のノエル・Ｊ・ブラウン博士やユナイテッド・アースのクラウス・ノーベル会長をお呼びして、地球環境について講演会をしていただいていました。そのノーベル会長のご紹介だったのです。

ノーベル会長が「東京で１０００人ぐらいのパーティーを開催している方がいますよ」とデヴィ夫人に話され、ご紹介していただき、チャリティのお手伝いをすることになりました。そして、ロータリークラブの会合や角界の佐渡ヶ嶽部屋の集まり、そして全経連のイベントや会員の方々などのところに、デヴィ夫人自らお話ししていただけるように、チャリティの呼びかけのお手伝いをさせていただき、デヴィ夫人の日本での最初のチャリティパーティーがおこなわれました。それ以来、デヴィ夫人のチャリティパーティーの監査役を務めさせていただいております。

デヴィ夫人は、日本赤十字社や難民を助ける会などへのさまざまなチャリティを開催されています。海外生活が長いので、パーティーでファンドレイジングをおこなうことは、当たり前という方でとても慈悲深いのです。

そういったことがご縁となり、全経連での活動や「スクウェア21」のお仕事などにもご協力いただだいております。

テレビ番組「ウチくる!?」に出演

今から20年ぐらい前に、フジテレビの「ウチくる!?」というTV番組に出演したことがありました。最後のサプライズゲストとして、デヴィ夫人への手紙を読む役目を仰せつかったのです。その日の収録の最後の登場でしたので、かなりの時間、自分の出番までお待ちしたことをおぼえています。今では笑い話ですが、サプライズゲストでしたので、隠れていなければならず、大変苦労しました（笑）。

そのときにお話しさせていただいたのですが、デヴィ夫人は毎年、ザ・グランド・インペリアル・チャリティ・バンケット、バレンタイン、クリスマスを含めた数多くのチャリティパーティーを主催されているのですが、なかなかマスコミでは取り上げられないのです。長きにわたって開催されており、それはなかなかできることではありません。

「東洋の真珠」と呼ばれた方

わたしは、あれほどの行動力をお持ちの女性をデヴィ夫人以外知りません。日本で生まれて、インドネシアのスカルノ大統領に嫁がれて、きれいで、19歳のころから「東洋の真珠」とも呼ばれ、ヨーロッパ、アメリカなどの社交界にデビューされました。言葉の違い、生活習慣の問題もあったと思いますが、かなり勉強され、大変努力されたと思います。御自身の意見をお持ちで、臆せずに発言されることも多いため、日本のマスコミではデヴィ夫人の発言の一部だけをピックアップされがちです。ほんとうにお話ししたかったことが伝わらないことも多く、誤解されてしまうこともあったようです。しかし、ほんとうはとても心の優しい方です。

2001年の「スクウェア21」の巻頭対談で、デヴィ夫人とお話しさせていただいたときのことですが、大統領夫人になられてはじめてインドネシア訪れたときの印象をうかがったことがあります。日本の戦後も経験されているデヴィ夫人は、心から愛する方、尊敬する方の国は、緑のたくさんある、道が広い、できたばかりの国という印象をお持ちになったとのことでした。そのできたばかりの国で豊かな資源、石油、ガス、石炭などのさまざまな事業に取り組み、親日家でおられた大統領の片腕として友好的な繁栄に力を注がれたそうです。

デヴィ夫人は、ほんとうにご苦労されながらもインドネシアの国の繁栄のために大統領とともに尽力されました。その貢献度は大変大きなものだと感じました。

さまざまな交流

個人的な話ですが、わたしの長男の結婚式にもお忙しい中ご列席いただいたり、次男の話をブログで取り上げていただいたり、どのようなことでも気さくに交流してくださり、とても感謝しております。もちろん現在でもさまざまな活動で、毎日お忙しく世界中を飛び回り、率先して行動されています。たとえば、北朝鮮問題に関しても、言葉であれこれ発言される方は数多くいらっしゃいますが、デヴィ夫人の場合はご自身で行動して、やってみる、そして続けることができる方なのです。そういった活動をされているので、とても影響力があります。また、魅力的ですし、若いころから世界中を回っていらっしゃるので、世界中にファンも多く、デヴィ夫人の活動に賛同される方も非常に多いようです。日本人でも積極的にチャリティ活動をおこなう珍しいタイプの方です。

そういった面では大変勉強になっております。いつでも社会貢献を忘れずに行動されているということは学ぶところが多いです。

新しいことにも積極的で、ホームページやブログなどで、ご自身でカメラを持って撮影しながら、正しい情報をお伝えしようと行動される姿を拝見しますと、ほんとうにすばらしい社会正義のある方だと感じます。不得意なことでも、料理でも、なんでもほんとうに熱心に挑戦される方です。

善良な市民、善良な企業であるためには地域に対して、国に対して何をするべきかということをデヴィ夫人はいつも考えられています。わたしの意見に賛同してくださり、わたしの関係している催事やロータリークラブ、大学の総会、高校の総会などにもほんとうに快く出席くださって、大変感謝しています。また、細川元首相夫人の細川佳代子さんが名誉会長を務められる知的障害の方々のSOなどの支援を一緒にしてくださっています。

デヴィ夫人の温かさ

デヴィ夫人には雑誌「スクウェア21」での取材で全国各地へ足を運んでいただき、さまざまな経営者の方やその事業に取り組まれているスタッフの方々などと見識の深いお話をしていただいております。

中でも、田中会長が経営されている特別養護老人ホーム豊泉家にご訪問されたときには、高齢者の方々と交流を深め、最後にお別れするときなどには、入居者の方々の温かい歓迎に涙を流されて、いつまでも皆さんの手を取りながら、名残惜しそうになさっていたことをおぼえています。

どこを訪れても温かいおもてなしを受け、それに対して誠意を尽くされるデヴィ夫人のお人柄はほんとうに見習う点が多いです。

デヴィ夫人が日本でおこなわれているチャリティ活動の意義を多くの方々に知っていただきたいと願っています。

認定NPO法人スペシャルオリンピックス日本 名誉会長
認定NPO法人世界の子どもにワクチンを 日本委員会 理事長
NPO法人勇気の翼 インクルージョン2015 理事長

細川佳代子さん

講演会でのお話に感銘

最初に細川佳代子さんとお会いしたのは、今から25年ほど前のNBCの講演会のときのことです。当時SOの理事長をなさっていた細川さんは、まだまだ知名度が低い知的発達障害の方々のオリンピックが、世界各国でおこなわれていることや多くの方々の支援によって運営されていることなどをとても熱心に話されていました。どれほど知的発達障害の方たちが一生懸命スポーツに取り組んでいらっしゃるか、耳を傾けている私たちも気持ちが熱くなるような講演会でした。

チャリティへの共感

そして、その講演会の参加者はほとんど経営者の方々ばかりでしたので、細川さんのお話に感動したわたしは、いい話で終わるのではなく行動しようと、「ぜひ、この場でチャリティにご協力しませんか」と会場の皆さんに声をかけた、500円でも1000円でもいいからと皆さんのお気持ちをいただくことになったのです。

それから、細川さんの「パッション」に感銘を受け、以来、少しでも何か全経連としても個人的にも協力し、また多くの方々の賛同を得られるよう働きかけをしてきました。

2004年に長野で開催された第3回スペシャルオリンピックス日本冬季ナショナルゲームのトーチラン実行委員会にも参加し、実際の現場での細川さんの奮闘振りを間近で拝見し、ますます共感したことをおぼえています。SOは、海外ではパラリンピックよりも多くの人々に知られているようです。

2010年11月5日から7日の3日間、「2010年第5回スペシャルオリンピックス日本夏季ナショナルゲーム・大阪」が高円宮妃久子殿下をお迎えして、大阪城ホールで開催されました。細川さんの熱意は今も変わらず受け継がれています。

以前開催された熊本でのナショナルゲーム後のパーティーで、忍者スタイルでお迎えになったり、ご自身が運転して、ボランティアスタッフを連れてラーメンを食べに行かれたりしたこともありました。徹底的に相手の方に喜んでもらおう、という気持ちこそ、ファンづくりの大きな基本ではないかと、勉強させていただきました。

分け隔てのないスタンス

全経連の会員にもぜひSOを知っていただきたくて、知的発達障害の方を主人公にした映画と講演を全国で展開したこともありました。そのときの細川さんはほんとうにどのような方にも対等に接し、それこそ分け隔てなく、受け入れることができる優しい方なのです。そんな細川さんの情熱に賛同し、ファンになってしまうのです。

また、「世界の子どもにワクチンを　日本委員会」の会長や、２０１５年には「障がい」という言葉をなくそうと活動している「勇気の翼　インクルージョン　２０１５」の理事長も務められています。接するたびに学ぶことが多い方で、王監督などもそうですが、皆さんには「優しい」という共通点があります。人を惹きつける要素は、誰にでも「優しい」ということだと思います。ほんとうに自然にファンになってしまうほどの魅力のある方です。

ワクチンを届けにミャンマーへ

「世界の子どもにワクチンを　日本委員会」の活動で、ワクチンを届けにミャンマーへもご一緒させていただきました。そのようなときも、飛行機に乗るのもチャリティの大切なお金なので、細川さんはエコノミーに乗って行かれます。現地へ行って、ご自身で確かめる行動力をおもちですが、それは昔、日本が先進国に助けてもらったからこそ、今日があるので、今度は自分たちがお返しするということは当たり前のことだというお気持ちから発揮されるものなのではないでしょうか。

誰よりも率先して行動に移す、その姿を見たとき、リーダーとはこのような人のことをいうのだなと感じました。

これまでお付き合いさせていただいたなかで、とても印象的なお話があります。「わたしがSOの活動などをライフワークにしようと思ったのは、ある牧師さんからの〝人間が生まれ続けるかぎり、2%から3%は必ず障害を持った子が生まれてくる。でもそれは神様からの贈り物なんだ。その子の周りには、戦争や競争などは生まれないから、ほんとうに優しい人が集まる。だから神様からの贈り物なんだよ〟という言葉に感動したからです」

人間や社会に対して、使命感を持って、ライフワークとして、やっておられるなんてすばらしいと私自身も感動をおぼえました。

毎日、駅弁やコンビニの弁当を食べながら、全国を奔走されている細川さんの姿には学ぶべき点が多いです。どのようにしたら相手に喜んでもらえるかということで、行動することが大切なのだということをあらためて教わりました。

福岡ソフトバンクホークス株式会社　取締役会長

王貞治氏

名球界のハワイイベントでの出会い

わたしと王貞治さんとの最初の出会いは、たしか1980年代の名球界ハワイイベントのときだったと記憶しています。テレビ放映もされていたそのイベントが開催されるということで、わたしも、当時の名球界の会長であった金田正一さんに誘われて参加したのです。参加者のなかにいらしたのが、王さん、長嶋茂雄さん、張本勲さん、そして山本浩二さん、衣笠祥雄さん、村田兆治さん、山田久志さん、平松政次さん、山崎裕之さん、わたしの先輩でもある岐阜商出身の高木守道さんなどといった名だたる球界の方々がいらっしゃいました。

わたしはワイアラエカントリークラブのメンバーでもあったので、エスコートすることもあったり、食事に同席したりすることも多く、ゴルフコンペの際は必ずご一緒させていただいていました。

そのほかに柴田勲さん、東尾修さんもいらっしゃって、「スクウェア21」でインタビュアーをしてくださっている方々もその当時からのお付き合いで今日まで続いています。

名球界というのは、その当時は投手であれば200勝以上、打者であれば2000本安打以上などの記録を持つスターの方々のみ入ることができたのです。ハワイ、時にはオーストラリアでの総会が開催される際にも、ご一緒することも多くなり、しだいに親しくさせていただくようになりました。

講演会での登壇

若いころはゴルフを通じて親しくさせていただきました。また、わたしの主催するセミナーや講演会にもご登壇いただき、1992年には、三笠宮寛仁親王殿下を始め、ワインバーガー元アメリカ国務長官とご一緒に王さんにもトップマネジメントセミナーに参加していただいたことを大変よくおぼえています。

王さんははじめてお会いしたときから、ずっと変わらずどのような方にもとても優しく寛容ですが、ご自身には非常に厳しい面がおありになります。ゴルフをなさっているときにそういった一面を拝見することがあります。

しかし、どのような人にも、それこそ若い記者の方、ベテランの方などほんとうに誰に対しても分け隔てなく丁寧に接してらっしゃるのをいつも間近で拝見しています。わたしも盛田昭夫さんなど先人の方々に多くのことを教わってまいりましたが、どなたにも共通していえることは、人間としての度量が広いということです。

現役監督引退試合に誘われて……

王さんとの思い出でとても印象に残っているのは、王さんがソフトバンクスホークスの監督を引退する千葉ロッテ戦に見に行ったときのことです。その監督引退の試合に王さんから「お子さんたちもご一緒に試合を見に来ませんか」と誘ってくださったのです。早めに球場へ行ったら、試合前にグラウンドにも呼んでいただき、引退試合にもかかわらずいつもどおりの優しい王さんで、快く一緒に写真も撮っていただきました。子どもたちもとても喜び、貴重な体験をさせていただきました。

誰にでも優しく

とくにハワイでの思い出も多く、王さんとは同じマンションに住んでいたり、同じワイアラエCCのメンバーだったり、さらにハワイ在住の共通の友人も多く、プロゴルファーの青木功さんや日野皓正さんとも、もともとお互い親しくしていたこともあり、ほんとうに共通点が多く驚きました。そういったことも含めて、名球界のみならず皆さんと仲良くさせていただいています。

とくに印象的な出来事として忘れられないのが、帝国ホテルで開催された青木功さんの旭日小綬章受賞のお祝いパーティーの席です。わたしは早くから会場へ出向き、青木さんのお祝いに駆けつけました。するとやはりお祝いに見えていた王さんが、遠くのほうからわたしを見つけてくださったようで「谷口さん、谷口さん」とわたしのそばへ声をかけにきてくださったのです。そのときはほんとうに感動しました。本来ならば、わたしのほうからご挨拶にうかがうところなのに、気軽にお声をかけてくださる気さくなお人柄の王さんの一面を見せていただきました。

また、王さんが慶應義塾大学病院に入院していたときに、わたしの息子も入院していたことがあり、わたしは出張先から戻ったその足で病院に向かい、王さんの病室へお見舞いに行ったことがありました。

そのとき、王さんは「息子さんのところへ」とおっしゃって元気が出るようにとサインを書いてくださったのです。ご自身も大変なときだったのに、小さい子どもに対しても、誰に対しても優しい心をお持ちだということをあらためて実感しました。

いつお目にかかっても変わらない温かな人格は、見習うべきものがあります。わたしはソフトバンクのエグゼクティブ・アドバイザーをしている関係で、さまざまなご縁をいただいていることに驚かされています。

これまで出会った方々にさまざまなことを教えていただきましたが、誰もがご存じの世界の王貞治さんの、ほんとうに謙虚で優しいお人柄は、わたしばかりでなく、多くの方々も魅了されていることと思います。

野球少年だったわたしが、将来、偉大な王さんとこのように親しくさせていただくなんて、ほんとうに夢にも思いませんでした。ひとつのことを成しうる力をお持ちの方は、ほんとうの強さを秘めているのだと感じています。

元駐英全権大使

北村汎氏

北村さんとの出会い

はじめて北村汎元駐英特命全権大使にお目にかかったのは、今から約40年前になります。わたしに北村さんを紹介してくださったのは、自治省（現総務省）の久世公堯元参議院議員で、全経連での活動に対してご協力していただけるのでは、ということでお引き合わせいただきました。

北村さんは、アメリカ、イギリス、フランス、そして、カナダなど各国の大使などを務められた方です。その当時の全経連では、さまざまな分野のトップの方々をお招きし、セミナーをおこなっていたので、国際関係や外交問題について、ご講演をしていただきました。

そして、在サンフランシスコ総領事のとき、全経連約20人の会員とニュービジネスの視察ツアーをおこなった際にサンフランシスコ領事館、サクラメントの州政府などを訪問させていただいたり、日米関係のお話などうかがったりと大変ご尽力いただいたのです。それ以来、北村さんには公私にわたって、さまざまなことを教えていただきました。

自筆のサイン

最初に教えていただいたことは、お礼状の書き方です。北村さんはいつも自筆のお礼状を書かれる方で、わたしが視察ツアーから帰国したのち、お礼状を出したところ、北村さんからお叱りの手紙をいただいたのです。それには「あなたの手紙にはあなたの署名がありませんね。ビジネスリーダーたるもの、礼状に署名しないなんて。署名は相手の方に対する礼儀です。また、署名をすることによって文章の間違いなども見つけることができますから」と教えてくださったのです。

じつは、視察ツアーの際に、在シカゴの新井総領事へも訪問させていただいたのですが、そのお礼状が間違って、サンフランシスコ総領事の北村さんの元へ届いてしまったのです。その当時は、お礼状の数も500通以上を超え、自分自身の署名も間に合わなかったくらいでした。しかし、その間違いを指摘してくださり、自筆のお手紙で「リーダーたるもの、署名は自筆でする」ということを、勉強させていただきました。ですから、今ではどんなに忙しくても、お礼状が多くても、必ず署名は自筆でするようにしています。

日本の伝統文化に接して

あるとき、北村さんに「小唄は日本の伝統芸能ですから、勉強したらどうですか」と勧められ、小唄のお師匠さんの元へご一緒しました。行ってみると政財界の方々が習いに来られていて、たくさんの方々をご紹介いただきました。じつはわたしはそれほど熱心ではありませんでしたが、財界のトップの方々とお会いでき、さまざまなことを勉強させていただいたりすることが楽しく、その後、名取となり、新橋演舞場や三越劇場などで披露させていただいたこともあります。

その当時、宴席で「何かひとつ」と言われたとき、小唄を習えば困らないだろうなとほんとうに軽い気持ちで行ったのです。そのおかげでわたしは度胸がつき、お腹から声を出すので大変姿勢がよくなりました。それと、伝統文化を愛する機会をいただけましたし、ゆっくりと食事をしながら、小唄を聞いて時を過ごすことも大事であると知りました。文章の書き方にしても、礼儀にしても多くの人が掲げる理想に近づくことができたのです。

外国でのスピーチのハウツー

教えていただいたことで印象的なことは、外国におけるスピーチについてです。それは最初の30秒で聴衆を笑わせなければならない、という鉄則です。はじめてアメリカでスピーチをしたときには、原稿を見ながら一生懸命スピーチをしたのですが、3分と言われた時間をオーバーして、5分ほど話してしまいＭＣの方にチラチラと見られながらもやっとの思いで話し終わったことをおぼえています。

また、地元の話題を交えながらスピーチをすることも大事だと教わりました。聴衆の方々は皆さん、地元に愛着がありますので、大リーグやアメリカンフットボールの話題でかなり盛り上がります。もちろん、それは日本でも同様です。

社会貢献とマナー

そのほか社会貢献のひとつである「スターベーションランチ」についても教わりました。これは外務省でアフリカの飢餓を救うために、豪華なランチではなく、時にはおにぎりのような簡単なランチを取り、その差額をアフリカへ寄付するというものです。新聞の記事で読み、さっそく全経連でも取り入れたいと思い、北村さんに助言をいただき、飢餓を救うために私たちのトップマネジメントセミナーなどで長い間、開催させていただいておりました。

ランチといえば、北村さんは外務省きっての食通で、三木武夫首相の秘書官（外務省出向）のとき、日本の首相官邸にワインセラーがなかったため、外国の方々との晩餐会に対応するためにもワインセラーの設置に尽力されたことも有名です。北村さんには世界各国の生活習慣的なマナーやワインの歴史、太平洋と大西洋のサーモンの美味しさの違いなども教えていただきました。博学な北村さんはマナーに厳しいところはありましたが、それぞれ土地の文化を重んじる礼儀を教えていただきました。

ざるそばの食べ方

北村さんが在カナダ大使をなさっていたときのエピソードですが、わたしはスタッフを連れて、大使公邸にうかがい、お食事をご一緒させていただいたことがあります。わたしは日ごろからスタッフに「北村さんはマナーには厳しい方だ」と話しており、スープを飲むときにも音を立ててはいけないなどと注意しておりました。

ですから、皆、大使公邸で「マナー違反はしたくない、どうか、スープが出ないように」と心で祈っていたところ、なんと、テーブルに並んだメニューの中にざるそばがあったのです。さあ大変、一同周りを見渡し、どうしたものかと食べあぐねていたところ、北村さんはお箸を手に取り、美味しそうにずるずると音を立ててそばを食べ始められたのです。これでまた皆びっくりです。

するとで北村さんは、「日本の食文化であるそばはこのサウンドと食感、音を立てて食べるのがマナーですよ。音を立てずに食べるのは美味しくない」とお話しされ、スタッフと大笑いしたことがありました。とても懐かしい思い出です。

三笠宮寬仁親王殿下も盛田昭夫さんや王貞治さんも、ほんとうに誰に対しても優しいですし、物事をわかりやすく教えてくださった方々です。

以前、イギリスのサッチャー元首相を3回ほどお招きしたときにも、北村さんにお力添えいただいたり、全経連のセミナーで全国各地で講演していただいたりしたことをとてもよくおぼえています。スピーチがお上手で、小唄もかっこよくなさって、ほんとうにあこがれを持って見ていました。行く先々での勉強熱心なお姿にも触れさせていただきましたし、新生全経連イベントの際にも、お越しくださり、ご自身のことのように喜んでくださいました。

リーダーシップを取るということがどのようなことかはもちろん、礼儀や伝統文化といった世界にも誘ってくださり、大変感謝しております。若いころ、30代の人脈のない時代に多くのトップの方々をご紹介いただき、勉強させていただいたことは私自身の基礎となっています。

アサヒビールホールディングス 名誉顧問

中條高徳氏

人情豊かな方

中條さんとは35年近くのお付き合いでした。１９９８年、三笠宮寛仁親王殿下、竹村健一さん、細川佳代子さん、佐渡ヶ嶽慶兼さんなどにご出席いただいた東京ビッグサイトでのセミナーでは、「カオス（混沌）からの脱出～ビッグバンをどう乗り越えるか～」をテーマに講演していただきました。ほかにもセミナーや講演会のゲスト、パーティーの乾杯などいつも快く引き受けてくださいました。

全経連30周年パーティーの際、中條さんはそのころ体調を崩されていたのですが、当日は秘書の方とご一緒に「パーティーには出席できないけれど、今日は君の晴れ舞台だから来ないわけにはいかない」と、激励の言葉を伝えるために、パーティーが始まる前に会場まで足を運んでくださいました。中條さんのその言葉と、体調が優れないにもかかわらず、わたしに一言伝えるために駆けつけてくださったお心遣いに、胸を打たれました。

中條さんはほんとうに温かく情け深い方です。三十数年ものあいだアサヒの低迷期があったなか、特約店や応援してくれる酒屋さん、飲食店の方々に幸せになってほしいという強い思いを持ち続け、「スーパードライ」が大ヒットしたとき、特約店の方と抱き合い涙したというエピソードを聞いたことがあります。このようなご苦労をされているからこその行動なのだと思います。ほんとうに感謝の気持ちでいっぱいです。

中條さんの人情味溢れる人格がアサヒビールのいち社員からトップに上り詰めた要因のひとつとも言えます。戦前70％を超えるシェアを誇っていた大日本麦酒（アサヒビールの前身）が戦後の占領政策の一環であった過度経済力集中排除法に指定され企業分割されてから低迷を辿っていたのですが、そんなころ、中條さんが尊敬してやまない当時財界の重鎮でもあったアサヒビールの山本爲三郎元社長の訓辞を聞いたときのエピソードです。

山本社長はシェアの下落について社員に叱責することなく、一切触れずに挨拶の訓辞を述べられた。あれほどの権力を持つ山本社長であってもシェアの下落だけは止められない無念の胸中を察すると涙が止まらなくなったそうです。その姿が山本社長の目にとまり、その後社長の言動に対しても臆することなく発言する中條さんは目をかけてもらうようになったそうです。

アサヒビール復活劇の立役者！

中條さんと言えば、アサヒビールの今日を築いた名経営者です。士官学校出身で、敗戦後軍人としての夢が破れ、山本爲三郎元社長に魅せられ入社し、企業分割によってシェアが急落したアサヒビールを、士官学校で学んだこと、軍人時代に身につけた「戦略思考」「兵法」で、見事に復活させたのです。

ハーバード大学やノースウェスタン大学でのマーケティング理論からは「シェア10

%のアサヒビールでは、キリンビールには絶対に勝てない」と論じられていた日本のビール業界で、シェア60%のキリンビールの大兵に、シェア10%のアサヒビール小兵がいかにして逆転を可能にできたのか。そして、「ビールは〝生〟が正しい」と「アサヒスタイニー」で〝生〟を提案しました。アサヒビールが蘇るためには〝生〟が唯一絶対の武器であるという一貫した信念のもと、「アサヒスーパードライ」の生みの親として、社運を賭けた戦いの第一線で陣頭指揮をとり、ついにキリンビールを抜き、業界トップの座に輝くことができました。中條さんはまさにアサヒビールの救世主です。

スーパードライがヒットしたのは、長年にわたる中條さんの「生」へのこだわりと「兵法」をもとにした社員の意識改革によるものです。お客様の求めるビールづくり「マーケット・イン」の開発精神をめざめさせ、社員の士気が高まり、その団結力がヒットの勝因であることは間違いないと述べておられました。

そしてもうひとつ、こんなお話もうかがいました。和歌山県の高野山「奥の院」は多くの戦国大名の墓所として有名であり、大企業の供養塔も数多くあります。そのことを知った中條さんは、高野山「奥の院」にアサヒビールの供養塔を建てたいと申し出ましたが空きがなかったそうです。

そこで、アサヒビール発祥の地でもある大阪の吹田工場の向かい側の丘に、創業100周年を迎える年に先達たちを労い感謝する供養塔を建てたそうです。その後、「アサヒスーパードライ」が爆発的にヒットしたということを教えていただきました。

わたしもその後、祈るということ、感謝するということが大切であると思い、ご縁があって、高野山「奥の院」に全経連の供養塔を建てることができ、事あるごとに訪れてお祈りしています。

野田会長との関係

昭和2年生まれの中條さんと同年の野田会長は兼ねてから親交が深く、中條さんは野田会長のことを「野田チャン」と呼ばれます。全経連30周年のお祝いメッセージの内容はお二人の間柄がよく伝わります。

「……野田チャンという天下一の口うるさい奔放学者と、苦労人の谷口理事長のコンビネーションの果たした役割が大きい。野田チャンと同年で『昭二会』の仲間だけにその事がよく判る。判るだけに、この30年の奇蹟とも称すべき大成功を心から祝い、明日への大発展を祈っています」（「スクウェア21」ｖｏｌ．２８６、一部抜粋）

お二人はわたしにとって、「宝」のような存在です。このような方々を若い経営者に伝えることがわたしの使命だと思っています。

第5章まとめ

人を大切にするから人の輪が広がる

「谷口さんは有名人とばっかり会っているんじゃないですか?」

こんなふうに思われることもあります。私自身は人を好き嫌いで判断することはほとんどありません。どなたかの紹介を受けるにしても、経歴や有名無名よりも熱意や会う理由を重視します。

付き合う相手のことはあまり意識しません。著名人だから、有名なスポーツ選手だから、という理由で近づきたいとは思いません。

こちらが頼まれて人を紹介した途端、わたしのところには来なくなる人もたくさんいます。むしろそういう人のほうが多いかもしれません。はじめからわたしの先にいる人を目的に近づいてきたのかもしれません。

ただ、本人が何とかしたいと思うからわたしに依頼してくるのであって、わたしの力でできることはします。

分け隔てなく付き合っていると、ごくたまに、詐欺まがいのビジネスや投資話を持ち掛けられることもあります。

しかし、人から言われたことを鵜呑みにして投資することはありません。自分で入り込んで確かめます。自分が汗水を垂らした分しか報酬を得たいとは思いません。ラクして儲けようという考えはないので、不思議と自分の感覚に合わない人とはビジネスチャンスはあっても疎遠になっていきます。

ですから、わたしはどんな企業からでも顧問の依頼を引き受けるわけではありません。その人がどんなビジネスをしているのか、誰の紹介かによって、引き受けるかどうかを決めます。

わたしの目の前ではいい顔をしているのに、ほかの人は大事にしない人や嘘つき、大ほら吹きもたくさんいます。しっかり相手の性格を判断して、誠実さがあれば企業規模は関係ありません。個人事業主でも誰でも、できる範囲で人を紹介します。

人脈が広いと認知されると、「今度のイベントに○○さんに司会をしてもらいたい」「○○という企業を紹介してほしい」という依頼もたくさん受けます。相手方が顧問先でなければ、紹介をして契約が成立してもコミッションは受け取りません。ビジネスとしておこなったわけではないからです。

そもそも顧問といっても、アドバイザーやコンサルティングというより、困ったことがあったら、わたしの人脈のなかで手を差し伸べてお手伝いさせていただくという感覚で関わっています。

もちろん、すべてが成功するわけではありません。ゼロからサポートして固めた顧問団がうまく機能せずに、契約解消に至ったという失敗例もあります。

わたしは自分が明日のご飯に困っていたら、人に貢献することなんてできないと思っています。人の役に立つことは生きがいのひとつであって、わたしの人生そのものではありません。

奉仕の精神で頼まれたことには気前よく応えて、尽くしすぎるほど尽して、経済的には豊かではない人も世の中にはいます。わたしはそういった無理はしません。できる範囲で協力し、貢献しています。すると「もっと喜んでもらおう」「次はこんなことをしよう」と新しい目標ができて、自分の生きるパワーになります。

全経連の理事長として、会員が喜ぶことをするのが自分の使命です。最初は講師になってもらいたいと思って、人脈開拓に勤しみました。

しかし、どこの馬の骨ともわからない人間がいきなり依頼しても断られることは目に見えています。「こんな質問をしよう」「こんな話題にしよう」と頭の中でぐるぐると考えて、いざ相手を目の前にすると、全身汗だくになってしどろもどろ。「自分は何をしゃべってきたのだろう？　相手はおぼえていてくれるかな」と、不安になってすぐに手紙を書きます。そのときに誕生日を聞いたことを思い出して、メモをしておいて、誕生日にテレホンカードを贈ったり、相手のことを絶対に忘れないように心がけました。

ただ、いくら目的がすばらしくても、自分の理想ばかり追っていてはなかなかうまくいきません。相手の話に聞く耳をもち、お付き合いを深めていくうちに「この方に人生を語ってもらうことによって、将来の自分のためにもなるし、会員の勉強にもなる」と思えるようになります。

今すぐに組織をやめて、個人でコンサルティングビジネスなどをしながら悠々自適に暮らすのがいちばんラクなのかもしれません。ただ、全経連という組織はわたしが立ち上げた組織ですから、自分でやり始めたことは最後の最後までやり通すと決めています。

野田先生や島田先生を見ていても、つねにいろいろな人に会って、さまざまな会合に出席なさっています。最終ゴールのイメージはまだ見えていませんが、これからも今していることは続けていくでしょう。人に喜んでもらうことを徹底して、人と親しくなる。これが何よりも楽しいのです。

人脈、人脈と言う人は世の中にはたくさんいますが、人脈開拓とは友だちづくりです。日野皓正さんと親しくなって、まったく知らなかったジャズの世界に触れることができました。友人を連れて行って、楽屋で一緒に写真を撮ってもらうとジャズの楽しみは倍増します。プロ野球にしても相撲にしても、友人を誘って一緒に楽しめる。人生がほんとうに充実しているのです。

人が集まるところに、友だちをつくるチャンスがたくさんあります。そこがスタートです。人付き合いの原則は、どんな相手でも変わりません。

自分は何になりたいのか、どうしたいのかを整理して、実現するために必要なものを持っている人のところへ足を運びましょう。動かないと何も結果が生まれません。

すぐに結果は出ないかもしれませんが、何度断られても、ゴルフが好きなのか、お酒が好きなのか、食事が好きなのか、コンサートが好きなのか。相手の喜ぶことを徹底して続けてみます。そして、偶然のように「チケットが取れました」とプレゼントしてみる。あきらめないでください。

今までたくさんのビジネス経験をしましたが、成功の法則はそれしかありません。

本書は「スクウェア21」に掲載の「人脈レシピ」を加筆・修正・再構成しています。肩書は掲載当時のものです。

[著者プロフィール]

谷口智治（たにぐち・ともはる）

一般社団法人全国経営者団体連合会　理事長
1947年1月1日生まれ。岐阜県出身。県立岐阜商業高校卒。大阪商業大学卒業後、マックスファクター入社。1980年株式会社にじゅういち創業。1983年全国経営者団体連合会設立。発足以来40年近くにわたり、人と人とを結ぶ“人脈コミュニケーター”として日夜人脈形成に精力を注ぐ。ありとあらゆる業界に精通する人脈には定評がある。
一般社団法人東京ニュービジネス協議会　特別理事
一般社団法人アドベンチャースクウェア　代表理事
一般社団法人日本個人情報管理協会　理事
特定非営利活動法人日本作文協会　理事長
一般社団法人アジア自由民主連帯協議会　顧問
東京岐阜県人会　理事

アチーブメント出版

[twitter]
@achibook

[Instagram]
achievementpublishing

[facebook]
http://www.facebook.com/achibook

人脈レシピ

2019年（令和元年）11月4日　第1刷発行

著者　谷口智治
発行者　塚本晴久
発行所　アチーブメント出版株式会社
〒141-0031
東京都品川区西五反田2-19-2 荒久ビル4F
TEL 03-5719-5503／FAX 03-5719-5513
http://www.achibook.co.jp

装丁・本文デザイン　轡田昭彦＋坪井朋子
校正　株式会社ぷれす
印刷・製本　株式会社光邦

ISBN 978-4-86643-061-4